LES DÉFIS DU COMMERCE ÉQUITABLE

Dynamiques d'Entreprises
Collection dirigée par Michael Ballé

Lieu de travail et lieu de vie, l'entreprise est au cœur de la société. Pourtant, beaucoup de ses aspects restent mal connus. Les évolutions technologiques et sociales sont à la source de nombreuses mutations organisationnelles. Les professions continuent d'évoluer en se divisant toujours davantage sur un plus grand nombre de spécialités. Les frontières elles-mêmes des entreprises s'estompent alors que les modes de travail se redéfinissent. Les entreprises deviennent des objets d'étude à multiples facettes dont les dynamiques sont de plus en plus complexes et souvent surprenantes.
Au-delà des grandes lignes des logiques de “ management ” d'une part et des théories sociologiques de l'autre, nombre de ces facettes restent dans l'ombre : dimensions ignorées, métiers méconnus ou dynamiques contre-intuitives. La collection *Dynamiques d'Entreprises* a pour vocation de diffuser les études réalisées sur ces points d'ombre, souvent techniques, de la nature des entreprises. Allant au-delà des “ essais de management ”, la collection regroupe des textes de recherche ou d'expérience sur le terrain qui éclairent les nombreux aspects ignorés des entreprises modernes.

Dernières parutions

Ali EL IDRISSI, *Comment être performant au télétravail ? Guide pratique*, 2025.
Régis COLLETTE, *Petit traité de transformation culturelle des organisations. Et si la culture était le principal levier de création de valeur pour une organisation ?*, 2025
Fady J. GEMAYEL et Antoine BORDIER, *La stratégie d'entreprise en temps de turbulences, Une nouvelle réflexion en stratégie sous l'aune entrepreneuriale vécue en France et au Liban*, 2025.
Gamal EL BALLAT, *La solitude de l'entrepreneur, Voyage au cœur d'un échec invisibilisé*, 2025
Philippe COUGÉ, *Entreprendre mon aventure ultime. Le parcours du créateur de Gamecash et Mediaclinic*, 2025.
Philippe REBIÈRE, *Luxe et digital : de nouvelles technologies dans l'univers du luxe*, 2025.

Daniel Beauchêne

LES DÉFIS DU COMMERCE ÉQUITABLE

Changer le commerce, changer le monde

L'Harmattan

5-7, rue de l'École-Polytechnique - 75005 Paris

www.editions-harmattan.fr

ISBN : 978-2-336-57422-6
EAN : 9782336574226

à Thomas, Sébastien, Valérie
à Justine, Roman, Quentin, Aurore, Éliette, Manoé, Élise
C'est maintenant à vous de changer le monde

Remerciements

Ce livre est le fruit de nombreuses années d'engagement militant au sein des associations « Artisans du Monde ». Ces années ont été riches de rencontres inspirantes, et il serait impossible de toutes les mentionner ici.
Je veux tout d'abord remercier les bénévoles de l'association d'Annecy, en particulier Chantal, Jeannine, Monique et Claude ; ils incarnent l'engagement profond au service de la dignité de toutes et tous. Tous ces militants, discrets mais investis m'ont transmis cette volonté de changer le monde par le commerce.
Marie, Édith, Françoise et l'ensemble des membres du Comité de Pilotage de l'association « Artisans du Monde Rhône-Alpes » ont été des acteurs essentiels de nos actions de plaidoyer, parfois soutenues financièrement par l'Union Européenne. Merci à toutes et tous. Une mention toute particulière à François, qui a enrichi ce parcours de son expérience internationale.
Un grand merci aux membres du conseil d'administration de la fédération Artisans du Monde. Nos débats ont grandement contribué à approfondir ma compréhension de notre mouvement, de son histoire et de ses enjeux. Un remerciement tout spécial à Anne : nos échanges quasi quotidiens lors de notre coprésidence ont été pour moi un moment d'enrichissement inoubliable.
Ma participation au conseil de la Plate-Forme du Commerce équitable (PFCE), devenue Commerce Équitable France, m'a permis de saisir les diverses positions des acteurs français du commerce équitable. Je remercie tous ses membres pour la qualité des échanges tant au conseil d'administration que dans toutes les occasions de rencontre qu'ils organisent.

Laurent, Virginie, Yannick, Yohan et toute l'équipe de Solidar'Monde, les membres de son conseil d'administration, Christian, Rémi, Jacques, Martine et tous les autres puis de son conseil de surveillance, en particulier Antoine puis Laurent, m'ont permis de comprendre les enjeux financiers, stratégiques, tactiques et opérationnels de l'importation de produits équitables. Je leur exprime ma reconnaissance et mon amitié.
Sergio et Sébastien, merci pour votre regard extérieur enrichissant sur mon engagement.
Martine et Claude, je vous sais gré d'avoir relu et amélioré cet ouvrage ; votre aide a été précieuse.
Enfin, Jeannine, ma compagne depuis plus de cinquante ans, pionnière dans cet engagement pour le commerce équitable, m'a accompagné tout au long de mon parcours. Je tiens à lui rendre ici un hommage plein d'amour et de gratitude.

1 Du « juste prix » à l'avènement du commerce équitable

Le concept d'économie morale fut introduit par l'historien Edward Palmer Thompson dans son article de 1971, *The Moral Economy of the English Crowd in the Eighteenth Century.* Il y affirmait le principe du « juste prix » : celui qui garantit à l'ensemble des membres d'une communauté l'accès aux besoins essentiels.

En 2001, les principales organisations du commerce équitable réunies au sein du consortium Fine — à savoir Fairtrade International, l'International Federation of Alternative Trade (devenue WFTO -World Fair Trade Organization), le Network of European World Shops (News!) et l'European Fair Trade Association (EFTA) — se sont accordées sur la définition suivante :

Le commerce équitable est un partenariat commercial, fondé sur le dialogue, la transparence et le respect, dont l'objectif est de parvenir à une plus grande équité dans le commerce mondial. Il contribue au développement durable en offrant de meilleures conditions commerciales et en garantissant les droits des producteurs et des travailleurs marginalisés, tout particulièrement au Sud de la planète. Les organisations du commerce équitable (soutenues par les consommateurs) s'engagent activement à soutenir les producteurs, à sensibiliser l'opinion et à mener campagne en faveur de changements dans les règles et pratiques du commerce international conventionnel[1].

Cette définition, bien que complète et largement reprise par les organisations du secteur, pèche par sa longueur, au point qu'il serait difficile d'en attendre une citation spontanée, même venant de la part des militants les plus

1 https://artisansdumonde.org/definition

aguerris. Nous lui préférons dès lors, à titre provisoire, une formulation plus concise :

Le commerce équitable est un commerce qui respecte les êtres humains et la planète qui les héberge.

Dans la première partie de cet ouvrage, nous mettrons en lumière deux réalités majeures, fruit de la domination de l'économie néolibérale : d'une part la pauvreté avec son cortège de faim et d'insécurité alimentaire, d'autre part la dégradation, voire la destruction, de notre environnement.

Nous postulons qu'il existe des réponses à ces défis, dont le commerce équitable. Nous exposerons diverses définitions de celui-ci, qu'elles soient proposées par des acteurs du secteur ou consacrées par la législation française, puis nous développerons les principes qui en sont le socle.

Tant qu'il demeurait un mouvement confidentiel, les seules déclarations de principe semblaient suffisantes pour garantir le respect des valeurs du commerce équitable. Mais l'irruption d'une pluralité toujours grandissante d'acteurs — producteurs, importateurs, distributeurs, activistes, consommateurs — a rendu indispensable la mise en place de processus rigoureux de certification. Nous analyserons donc les principaux labels et les organismes qui les portent.

De nos jours, les produits alimentaires représentent 95 % des ventes de biens équitables en France. Nous nous attarderons sur ce qui en constitue trois piliers : le café, la banane et le cacao. Si l'artisanat occupait une place prépondérante aux prémices du mouvement moderne, il ne pèse plus aujourd'hui que 2 % de l'ensemble.

Le commerce équitable a déjà obtenu des résultats significatifs, même si ces avancées paraissent parfois insuffisantes. Après une présentation des principaux chiffres atteints, nous en proposerons une évaluation plus qualitative, portant sur les conditions de vie des producteurs, l'environnement et les répercussions du commerce équitable sur le commerce global.

Cependant, même si ses effets, même modérés, sont avérés sur le terrain, ils ne vont pas sans susciter critiques et débats. Il importe de les exposer avec clarté. Ces controverses, révélant des divergences quant à la définition même du commerce équitable, conduisent à l'inscrire dans un champ d'analyse plus vaste, celui d'une éthique du « care », et à esquisser des axes d'évolution pour l'avenir du secteur.

2 Les défaillances du commerce traditionnel : vers une alternative indispensable

Il demeure crucial aujourd'hui de bâtir un commerce équitable en tant qu'alternative au commerce conventionnel. En effet, le capitalisme néolibéral et le libre-échange, dépourvus d'une régulation forte, génèrent certes d'immenses richesses, mais aussi des inégalités abyssales, tout en contribuant à la destruction systématique de notre environnement.

Le commerce, envisagé dans son acception la plus simple, est un échange entre un vendeur et un acheteur. Théoriquement, ce rapport devrait être profitable aux deux parties ; l'économie libérale repose sur ce postulat d'équilibre. Cependant, dans la réalité, cet équilibre est souvent rompu, du fait d'asymétries manifestes en matière d'information, de formation, de ressources financières voire de pouvoir politique et/ou de puissance militaire. En l'absence de régulation[2], ceci engendre des échanges inéquitables, systématiquement favorables aux acteurs les plus puissants.

Au cœur de notre société capitaliste, la recherche incessante de maximisation du profit conduit un grand nombre d'entreprises à réduire au strict minimum leurs coûts — matières premières, main-d'œuvre, et autres — sans considération pour leurs conséquences sociales ou environnementales. Paradoxalement, loin d'atténuer la faim dans le monde, cette course au coût le plus bas exacerbe la précarité et la vulnérabilité d'une grande majorité d'agriculteurs, notamment des petits paysans.[3]

2 La régulation peut provenir de prescriptions imposées par des traités internationaux, des décisions des états ou des recommandations d'organisations non gouvernementales.

Par ailleurs, la standardisation massive des produits de consommation tend à dissocier le consommateur de l'histoire, des conditions sociales et environnementales dans lesquelles ces produits ont été fabriqués[4]. L'achat d'un paquet de café soluble s'accompagne ainsi d'une ignorance quasi totale de l'identité des producteurs, leur pays d'origine et leurs conditions de vie.

Cette désincarnation des biens occulte la réalité cruelle d'une majorité de producteurs vivant au dessous du seuil de pauvreté, tandis que la même dynamique contribue à la dégradation accélérée de notre planète. L'épuisement des ressources naturelles (forêts, énergies fossiles, minerais, faune sauvage), la pollution massive de l'eau, de l'air et des sols, et le réchauffement climatique aux conséquences catastrophiques (ouragans, sécheresses, inondations) menacent de rendre inhabitables de vastes régions de la Terre.

Il ne s'agit nullement d'imputer au commerce l'entière responsabilité de ce processus destructeur, mais bien de relever sa complicité active dans un système social et économique délétère.

2.1 Faim, insécurité alimentaire et pauvreté : les plaies du XXIe siècle

La pauvreté constitue la première conséquence sociale de cette organisation inégalitaire. Dès le XXe siècle, les acteurs du commerce équitable ont été profondément marqués par les conditions de vie dégradées observées

---

3 CCFD Terre solidaire, *Agriculture et commerce mondial : changer les règles pour lutter contre la faim*, Tribune publiée par Le Monde le 30 juin 2023.

4 Ceci ne s'applique pas à certains produits « de niche », porteurs de labels d'origine par exemple. Ces produits répondent à la demande de certains consommateurs qui souhaitent en « savoir plus » sur le produit qu'ils achètent.

dans les pays du « tiers-monde ». Leurs constats ont souvent été la source première de leur engagement.

L'objectif de développement durable n°2 des Nations unies[5] ambitionne de parvenir à « faim zéro » d'ici 2030. Après une amélioration progressive entamée au début des années 2000, la faim dans le monde est repartie malheureusement à la hausse dès 2015, atteignant un pic durant la pandémie de COVID-19[6]. Le graphique ci-après présente l'évolution de la sous-alimentation dans le monde depuis 2011.

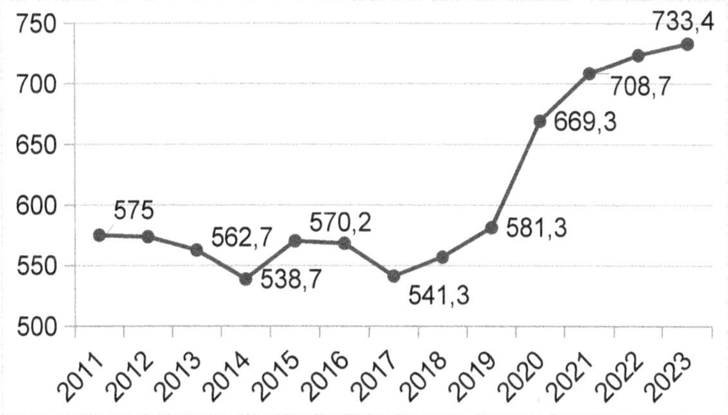

Figure 1: Nombre de personnes sous-alimentées dans le monde (en millions de personnes)

Au-delà de la faim elle-même, la FAO mesure l'insécurité alimentaire sur deux niveaux : grave et modérée. L'insécurité alimentaire grave implique l'absence prolongée de nourriture et le saut de repas, tandis que la modérée traduit un accès incertain à une alimentation suffisante et saine, souvent lié à des ressources financières insuffisantes.

5 https://www.un.org/sustainabledevelopment/fr/hunger/

6 FAOSTAT, Indicateurs ODD, Nombre de personnes sous-alimentées

Le rapport mondial 2023 sur les crises alimentaires aiguës dénombre 258 millions de personnes confrontées à une insécurité alimentaire grave, notant une nette progression par rapport à 2021. Sept nations connaissent la famine en 2023 : la Somalie, l'Afghanistan, le Burkina Faso, Haïti (première fois dans son histoire), le Nigeria, le Sud-Soudan et le Yémen[7]. Les analyses pointent désormais comme facteur principal de cette insécurité accrue, les chocs économiques, dépassant même les conflits armés[8]. Il faut toutefois noter que la guerre au Moyen-Orient modifie cette réalité.

Zone	**Modérée ou grave**	**dont grave**
Afrique	57,7	21,7
Amérique latine et Caraïbes	31,3	10,6
Océanie	25	9,9
Asie	24,9	9,9

Tableau 1: Prévalence de l'insécurité alimentaire modérée ou grave par région

Depuis 2014, l'insécurité alimentaire modérée ou grave n'a cessé de progresser, passant de 21,2 % de la population mondiale à 29 % en 2022 (moyenne sur trois ans). Elle est très différente d'un continent à l'autre, comme l'indique le tableau ci-dessus.

Les données[9] montrent que les populations rurales, les femmes et les enfants sont les plus durement touchés par

7 Food Security Information Network, *GRFC Global Report of food crises*, p. 17, 2023

8 Food Security Information Network, *Rapport mondial sur les crises alimentaires En bref*, p. 2, 2023

9 Portail de données de la FAO

ce fléau, en grande partie en raison des normes sociales discriminatoires qui limitent leur accès aux ressources[10] [11].

	grave ou modérée	dont grave
Population rurale adulte	32,9 %	12,2 %
Population urbaine adulte	26,1 %	11,5 %
Hommes adultes	24,9 %	9,1 %
Femmes adultes	27,2 %	10,6 %

Tableau 2: Prévalence de l'insécurité alimentaire modérée ou grave (rural vs urbain, femmes vs hommes)

Pour ce qui concerne les enfants, la prévalence de l'insuffisance pondérale à la naissance était de 14,7 % en 2020. En 2022, la FAO estimait que 22,3 % des enfants (soit 148 100 000) présentaient un retard de croissance. En outre, selon la FAO, l'insécurité alimentaire expose les enfants à des risques accrus de maladies chroniques à l'âge adulte, selon la FAO.

La FAO, sur la page[12] de son site consacrée à la faim et à l'insécurité alimentaire, indique que les enfants qui souffrent de la faim, de l'insécurité alimentaire ou de la sous-nutrition risquent davantage de souffrir de surpoids, d'obésité et de maladies chroniques comme le diabète plus tard dans leur vie. Dans de nombreux pays, la sous-nutrition et l'obésité coexistent et les deux peuvent être des conséquences de l'insécurité alimentaire.

---

10 Care, *Pourquoi la faim impacte plus les femmes en 2 points*, 22 décembre 2022, https://www.carefrance.org/

11 Action contre la faim, *Pourquoi les femmes sont-elles plus touchées par la sous-nutrition ?*, 8 mars 2021, mis à jour le 9 décembre 2024, https://www.actioncontrelafaim.org/

12 https://www.fao.org/measuring-hunger/fr

Dans son rapport de 2022[13] sur la sécurité alimentaire et la nutrition dans le monde, la FAO analyse avec une grande sévérité les soutiens publics à l'alimentation et à l'agriculture. Ils ne sont pas compatibles avec l'objectif consistant à encourager une alimentation saine. Dans de nombreux cas, ce soutien sape les résultats en matière de sécurité alimentaire et de nutrition. De plus, il est souvent réparti inéquitablement, entraîne des distorsions des marchés et est préjudiciable à l'environnement.

Paradoxalement, si l'on en croit Marc Dufumier[14], professeur émérite à AgroParisTech, les problèmes de faim et d'insécurité alimentaire ne proviennent pas d'une insuffisance de la production puisque la production agricole actuelle permettrait de nourrir 10 à 12 milliards de personnes. Les rapports successifs *L'état de la sécurité alimentaire et de la nutrition dans le monde* mettent l'accent sur les principales causes de la faim et de l'insécurité alimentaire.

Celui de 2017[15] met en avant **les conflits**, qu'ils soient internes ou inter-états. Il signalait que « les conflits sont parmi les principales causes des crises alimentaires graves ainsi que des famines récemment réapparues, et la faim et la dénutrition frappent plus durement là où les conflits sont prolongés et les capacités institutionnelles faibles ».

---

13 FAO, FIDA, OMS, PAM et UNICEF,. *L'État de la sécurité alimentaire et de la nutrition dans le monde 2022. Réorienter les politiques alimentaires et agricoles pour rendre l'alimentation saine plus abordable*. p. xvi, Rome, FAO.. 2022

14 Marc Dufumier, *De la terre à l'assiette - 50 questions essentielles sur l'agriculture et l'alimentation*, Allary Editions, 2020

15 FAO, FIDA, OMS, PAM et UNICEF. 2017. *L'État de la sécurité alimentaire et de la nutrition dans le monde 2017, Renforcer la résilience pour favoriser la paix et la sécurité alimentaire*, p. iv, Rome, FAO.

En 2018[16], ce sont la **variabilité du climat et les extrêmes climatiques** qui sont mis en avant. Ils sont des « facteurs essentiels de la récente recrudescence de la faim dans le monde et l'une des principales causes des graves crises alimentaires ». Les pays dans lesquels une grande partie de la population vit de l'agriculture ou dont le système agricole est très sensible aux extrêmes climatiques sont particulièrement sensibles au problème de la faim.

Le rapport de 2020[17] met en avant **l'inaccessibilité économique** à des régimes alimentaires sains, liée à l'organisation du système alimentaire induite par de **faibles revenus**.

Enfin, les rapports de 2019[18] et de 2020 insistent en outre sur **la pauvreté et les inégalités** comme causes structurelles de l'insécurité alimentaire. Dans ces pays les périodes de ralentissement de la croissance et de fléchissement économique ont un effet disproportionné sur la sécurité alimentaire et la nutrition des populations à faible revenu. Il convient donc de réduire ces inégalités qu'elles soient dues au sexe ou à la discrimination et à l'exclusion sociale dont sont victimes certains groupes de population.

---

16 FAO, FIDA, OMS, PAM et UNICEF. 2018. *L'État de la sécurité alimentaire et de la nutrition dans le monde 2018. Renforcer la résilience face aux changements climatiques pour la sécurité alimentaire et la nutrition*. p. 40, Rome, FAO

17 FAO, FIDA, OMS, PAM et UNICEF. 2020. *L'État de la sécurité alimentaire et de la nutrition dans le monde 2020.,Transformer les systèmes alimentaires pour une alimentation saine et abordable*. Rome, FAO. https://doi.org/10.4060/ca9692fr

18 FAO, FIDA, OMS, PAM et UNICEF. 2019. *L'État de la sécurité alimentaire et de la nutrition dans le monde 2019*. Se prémunir contre les ralentissements et les fléchissements économiques, p. xxii et p. xxiii, . Rome, FAO.

2.2 Pauvreté monétaire et multidimensionnelle : un diagnostic alarmant

Selon la Banque mondiale[19], le seuil d'extrême pauvreté[20] extrêmement bas (2,15 USD/jour depuis 2022, 3 USD/jour depuis juin 2025 en parité de pouvoir d'achat[21]) concernait 757 millions de personnes en 2020, affectées notamment par la crise sanitaire mondiale. Si la situation s'est légèrement améliorée jusqu'en 2022, la tendance reste préoccupante, avec près de 713 millions de personnes toujours concernées en 2023[22].

La Banque Mondiale ne limite pas ses études à l'extrême pauvreté. Elle définit trois seuils de pauvreté (juin 2025) : l'extrême pauvreté à 3 USD/jour, essentiellement pour les pays à faible revenu[23], 4,20 USD/jour plus pertinent pour les pays à revenu intermédiaire tranche inférieure et enfin 8,30 USD/jour adapté aux pays à revenu intermédiaire de la tranche supérieure. Le taux de pauvreté mondial en 2023 au seuil de 6,85 USD (seuil utilisé jusqu'à juin 2025) est de 50 % .

Après 2020, 2022 a été la deuxième année la pire en termes de réduction de la pauvreté. La Banque Mondiale constate que l'Objectif de Développement Durable de réduire l'extrême pauvreté à 3 % au maximum en 2030 ne pourra pas être atteint[24]. En réalité, l'extrême pauvreté devrait plutôt être de l'ordre de 7 %. Il faut noter que si le

---

19 World Bank. Poverty and Shared Prosperity 2022: Correcting Course, pp 2-3,. Washington, DC World Bank.

20 On peut noter que la lutte contre la pauvreté est l'Objectif de Développement Durable n°1

21 Pour une définition de la parité en pouvoir d'achat, voir l'annexe 1

22 World Bank.Poverty, Prosperity and Planet Report 2024

23 Pour la classification des pays en fonction des revenus de leurs habitants, voir l'annexe 2

COVID-19 représente effectivement une forte rupture dans l'évolution des taux de pauvreté, la baisse de ces taux s'était déjà fortement ralentie avant cette épidémie.

Comme pour l'insécurité alimentaire, ce sont les personnes vivant en zone rurale, les femmes et les enfants de moins de 17 ans qui sont les premiers concernés par la pauvreté. L'UNICEF et la Banque mondiale indiquent[25] que dans le monde, 333 millions d'enfants de moins de 17 ans vivent dans l'extrême pauvreté. Ce même rapport indique qu'un enfant de moins de 17 ans a une probabilité de 15,8 % d'être atteint par l'extrême pauvreté contre 6,4 % pour un adulte de 18 ans ou plus. En Afrique subsaharienne (région la plus touchée) 40,2 % des enfants en sont victimes.

Au-delà des seuils strictement financiers, la Banque mondiale a aussi institué une mesure plus globale de pauvreté multidimensionnelle[26] qui intègre des critères d'accès à l'éducation, à l'eau potable, à l'électricité et à l'assainissement. Cette approche révèle que 14,7 % de la population mondiale en souffre, soit près de 65 % de plus que les seuls indicateurs monétaires (chiffres 2018).
L'accès déficient à l'assainissement demeure l'indicateur le plus fréquent de cette pauvreté plus large, affectant 2,3 milliards de personnes privées d'eau potable et 3,6 milliards manquant d'installations sanitaires adéquates.

Par ailleurs, les inégalités croissent inlassablement : entre 2020 et 2022, les revenus des 20 % les plus riches ont augmenté de 3,3 %, mais seulement de 2,1 % à 2,5 %

---

24 World Bank. Poverty and Shared Prosperity 2022: Correcting Course, p 56. Washington, DC World Bank.

25 Daylan Salmeron-Gomez et al, *Global Trends in Child Monetary Poverty According to International Poverty Lines* , World Bank and UNICEF, 13 septembre 2023

26 Pour une définition de la pauvreté multidimensionnelle, voir annexe 3

pour les 80 % restants. L'ONG Oxfam note, dans son rapport de 2024 sur les inégalités mondiales[27], que les 1 % les plus riches possèdent 43 % des actifs financiers mondiaux. Ceci entre en contradiction avec l'Objectif de Développement Durable n°10 : *Réduire les inégalités dans les pays et d'un pays à l'autre*.

Ainsi, bien que théoriquement équipée d'objectifs ambitieux, les 17 Objectifs de Développement Durable (ODD), la communauté internationale voit les progrès ralentir, voire constate une régression, notamment à cause d'un système favorisant les intérêts des plus aisés au détriment des plus démunis.

2.3 La destruction accélérée de notre environnement : un défi planétaire

L'exploitation des ressources naturelles et la production de déchets sont devenues telles que la planète ne parvient plus à reconstituer ce qui est consommé. L'indicateur « jour du dépassement[28] » symbolise ce phénomène : en 1970, l'humanité épuisait ses ressources de l'année le 29 décembre, on était donc quasiment à l'équilibre ; mais en 2025, ce seuil a été franchi dès le 24 juillet.

---

27 Rebecca Riddell et al., Multinationales et inégalités multiples, p 9, Oxfam international, janvier 2024

28 Cet indicateur est calculé par l'ONG américaine Global Footprint Network

Année	Date du dépassement
1975	27 novembre
1985	7 novembre
1995	9 octobre
2005	27 août
2015	7 août
2025	24 juillet

Figure 2: Date du dépassement écologique

Ce dépassement est inégalement réparti : tous les pays à revenu élevé ou à revenu intermédiaire tranche supérieure ont une date de dépassement inférieure au 31 décembre. Et même, à l'exception de la Guinée équatoriale, tous les pays à revenu élevé ont consommé leur quota de ressources avant le 31 mai. De l'autre côté, 30 sur les 36 pays à faible revenu consomment moins que leur quota de ressources renouvelables. Et les 6 pays à faible revenu (Guinée, Îles Salomon, Myanmar, Tchad, Mali et Bénin) qui consomment plus que leur quota ont une date de dépassement au-delà du 10 novembre (chiffres 2022).

Mais nous avons besoin de données plus fines qu'une simple date pour évaluer l'évolution de la biodiversité sur notre planète. C'est la mission du rapport d'évaluation mondiale sur la biodiversité et les services écosystémiques[29] réalisé en 2019 par l'IPBES (la Plateforme intergouvernementale scientifique et politique sur la biodiversité et les services écosystémiques). Ce

29 IPBES (2019 F), *Global assessment report of the Intergovernmental Science-Policy Platform on Biodiversity and Ecosystem Services*, Brondízio, E. S., Settele, J., Díaz, S., Ngo, H. T. (eds). IPBES secretariat, Bonn, Germany. 1144 pages. ISBN: 978-3-947851-20-1

rapport fait le point sur l'état de notre environnement et analyse les différents facteurs de son évolution.

L'UNEP (Organisation des Nations Unies pour la Protection de l'Environnement) met en évidence cinq facteurs principaux[30] qui menacent la survie de nombreuses espèces :

- Les changements dans l'utilisation des terres et des mers. Depuis 1990, 420 millions d'hectares de forêts ont été perdus, principalement en raison de l'expansion agricole. De plus, l'agriculture, et tout particulièrement l'agro-industrie, est à elle seule la menace identifiée de plus de 85 % des 28 000 espèces menacées d'extinction.
- Les changements climatiques : depuis 1980, les émissions de gaz à effet de serre ont doublé et les températures mondiales moyennes se sont élevées de 0,7 °C. Les écosystèmes les plus vulnérables — récifs coralliens, montagnes, zones polaires – sont atteints. Une espèce animale sur 6 pourrait être menacée par les hausses de température dues au changement climatique[31].
- La pollution par les produits chimiques et les déchets est un facteur majeur d'évolution de la biodiversité avec des effets particulièrement dévastateurs sur les habitats marins et d'eau douce. L'utilisation persistante d'insecticides très dangereux et non sélectifs est une cause de la diminution des populations de plantes et d'insectes. La pollution plastique marine (le sixième continent entre autres) affecte au moins 267 espèces animales dont 86 % des tortues

30 UNEP, *Les 5 facteurs principaux qui alimentent la crise de la nature, 2022*

31 Sid Perkins, *Climate change could eventually claim a sixth of the world's species,* Science, AAAS, USA, 30 avril 2015

marines, 44 % des oiseaux de mer et 43 % des mammifères marins.

- L'exploitation directe des ressources naturelles : l'utilisation non durable des plantes et des animaux menace la survie d'un million d'espèces animales et végétales dans le monde mais aussi les moyens de subsistance de milliards de personnes qui dépendent des espèces sauvages pour leur alimentation, leur combustible et leurs revenus.
- Les espèces invasives : les espèces exotiques envahissantes sont des animaux, des plantes, des champignons, des micro-organismes qui se sont implantés en dehors de leur habitat naturel. Elles ont contribué à 40 % des disparitions d'espèces depuis le XVIIe siècle lorsque la cause a été reconnue.

Parmi tous les écosystèmes, la forêt joue un rôle capital en absorbant le CO2, en protégeant la biodiversité et en fournissant de nombreux services essentiels. La déforestation, principalement imputable à l'agriculture intensive, l'exploitation minière et l'agriculture itinérante, a dévasté quelque 420 millions d'hectares depuis 1990. Les forêts primaires, qui abritent des espèces d'arbres indigènes et dans lesquelles aucune trace d'activité humaine n'est clairement visible, représentent environ un tiers des forêts dans le monde. Leur superficie a diminué de 47 millions d'hectares depuis 2000.

Face à cette urgence, des réglementations comme le règlement européen « déforestation zéro » (Règlement (UE) 2023/1115) ont pour but de :

- minimiser la contribution de l'UE à la déforestation et à la dégradation des forêts au niveau mondial

- réduire la contribution de l'UE aux émissions de gaz à effet de serre et à la perte de biodiversité au niveau mondial.

Ce règlement concerne 7 produits de base – les bovins, le cacao, le café, le palmier à huile, le soja, le bois et le caoutchouc – ainsi que les produits élaborés à partir de ces produits (chocolat et meubles en bois par exemple). L'analyse d'impact réalisée préalablement à la rédaction de ce règlement indique que cette mesure permettrait d'éviter la déforestation de 248 000 ha/an jusqu'en 2030[32].

Il crée une obligation de « diligence raisonnée » pour les importateurs de produits susceptibles d'être issus de la déforestation. Outre des exigences en termes de non-déforestation, le considérant n°42 indique que l'évaluation doit tenir compte des risques de violation des droits de l'homme associées à la déforestation ou à la dégradation des forêts, y compris des violations des droits des populations autochtones, des communautés locales et des titulaires de droits fonciers coutumiers. Puis, le considérant n°50 précise que « *d*es efforts raisonnables devraient être déployés pour s'assurer qu'un prix équitable est payé aux producteurs, en particulier les petits exploitants, afin de leur permettre de disposer d'un revenu décent et de lutter efficacement contre la pauvreté, qui est une des causes profondes de la déforestation ».

2.3.1 Océans et pollution : la mer, prisonnière silencieuse

Les océans, couvrant plus de 70 % de la surface terrestre, fournissent la moitié de l'oxygène mondial et stockent 93 % du CO2 de la planète. Ils subissent néanmoins la pression conjointe de la surpêche industrielle, de la pollution plastique croissante et de l'acidification liée au réchauffement climatique.

32 Règlement UE 2115 Considérant n°8

Les « Aires Marines Protégées » sont des zones délimitées, totalement ou partiellement en mer, afin d'assurer, sur le long terme, la protection de la nature. La Convention sur la diversité biologique[33] est un traité international « juridiquement contraignant », ouvert à la signature le 5 juin 1992, signé à ce jour par 196 parties[34]. Parmi les objectifs fixés par la 10ème conférence des parties, réunie à Aichi (Japon) en octobre 2010 nous retenons l'objectif C11. Il visait à protéger au moins 17% des zones terrestres et d'eaux intérieures et 10% des zones marines et côtières, tout en assurant l'importance écologique, la représentativité et la gestion efficace de ces zones. Sur le plan strictement quantitatif, la surface totale des aires protégées terrestres a avoisiné ou frôlé l'objectif des 17%, mais la dimension qualitative — connectivité, gestion réelle, représentativité écologique — n'a pas été totalement atteinte..

La pêche artisanale, pratiquée par une majorité de pêcheurs, est à l'avant-garde de la sécurité alimentaire mondiale. Mais les stocks halieutiques se raréfient à un rythme alarmant, compromettant la biodiversité et les moyens de subsistance de millions de personnes. Cela est dû principalement à la pêche industrielle et à la pollution plastique qui, affecte l'ensemble des espèces marines.

2.3.2 Réchauffement climatique : pollueurs et victimes inégaux

Les émissions mondiales de CO2 sont principalement générées par la Chine, les États-Unis et l'Inde, qui en émettent plus de la moitié. Toutefois, le calcul des émissions par habitant révèle une autre réalité, nettement plus nuancée : certains petits États pétroliers affichent des

---

33 Convention sur la diversité biologique. https://www.cbd.int/doc/legal/cbd-fr.pdf

34 https://www.un.org/fr/

niveaux plusieurs dizaines de fois supérieurs à ceux de la moyenne mondiale, ce qui accroit une fracture éthique.

Les 10 % les plus riches de la population mondiale sont responsables de plus de la moitié des émissions annuelles cumulées de CO2, quand les 50 % les plus pauvres n'en émettent que 7 %. Ces disparités majeures soulignent les priorités morale et politique d'un combat environnemental intégré à l'enjeu de redistribution des richesses.

Le changement climatique impacte principalement les pays les plus vulnérables : les catastrophes naturelles, les sécheresses et la montée du niveau des mers affectent surtout les populations rurales, indigènes et les plus démunies dont la survie est ainsi compromise.

2.4 Accords commerciaux internationaux : opportunités et contraintes

L'histoire des accords commerciaux remonte à l'Antiquité où des traités régissaient certains échanges entre civilisations. Cette pratique s'est institutionnalisée aux XIXe et XXe siècles, culminant avec la création en 1995 de l'Organisation mondiale du commerce (OMC), instance régulatrice de l'économie globale.

Si l'OMC ambitionne de faciliter les échanges libres et équitables, ses mécanismes, notamment de règlement des différends, ont souvent été instrumentalisés par des multinationales au détriment des États et des peuples.

Par ailleurs, de nombreux accords bilatéraux présentent des règles peu compatibles avec la préservation des droits humains, sociaux ou environnementaux, ce qui suscite aujourd'hui débats et contestations croissants.

2.5 Vers un commerce réinventé : l'éthique au cœur des échanges

Par essence, la philosophie libérale du libre-échange privilégie la suppression de toute entrave aux flux commerciaux, au prix d'une déconnexion croissante entre d'une part la production et l'impact social et environnemental d'autre part.

Le commerce équitable se veut une réponse à cette dérive, en établissant des échanges fondés sur le respect de l'humain et de la nature. Ce modèle s'adresse prioritairement aux producteurs des pays à faibles revenus mais aussi, de plus en plus, aux acteurs défavorisés du Nord, et vise à redéfinir les relations commerciales dans une logique de justice sociale et environnementale.

L'élargissement de cette conception, au-delà des stricts acteurs du commerce équitable, pourrait constituer une avancée majeure vers une société plus solidaire et durable.

Ce parcours critique met en lumière la nécessité de repenser en profondeur les modes d'échange mondiaux, pour conjuguer développement économique, justice sociale et sauvegarde écologique.

3 Le commerce équitable : définition et principes

Comme nous l'avons vu, il existe une définition du commerce équitable commune aux principales organisations qui s'en revendiquent, regroupées dans le consortium FINE. Au-delà de cette définition, ce sont les pratiques variées de ces différents acteurs que nous présentons dans cette partie. Après l'examen de quelques définitions du commerce équitable, nous énonçons ses principes tels qu'ils sont décrits par la WFTO (Word Fair Trade Organization) puis quelques points de repère historiques.

Nous devons rappeler au préalable que le commerce est une relation entre un vendeur, un acheteur, un produit et une somme d'argent (ou deux produits dans le cas du troc) dans un certain environnement.

Le vendeur peut être le producteur du produit, mais ce peut être aussi un intermédiaire qui achète, regroupe, transporte et vend. Ce peut être également un transformateur qui utilise le produit acheté comme matière première ; c'est par exemple, le cas des torréfacteurs de café qui achètent du café vert et le revendent torréfié. L'acheteur peut être le consommateur final, mais ce peut aussi être l'un de ces intermédiaires. Le produit peut-être un produit agricole (culture ou élevage) ou un produit d'extraction (pétrole, métal, poisson sauvage, etc). Ce peut être aussi un produit plus ou moins transformé, comme un vêtement, une voiture ou un téléphone, enfin par assimilation, un service. Ainsi on trouve en France des agences de voyages labellisées « Tourisme Équitable et Solidaire » par l'Association pour le Tourisme Équitable et Solidaire (ATES[35]).

35 ATES 8 rue César Franck 75015 PARIS

Enfin, cette relation commerciale se fait dans un environnement et implique un certain nombre d'externalités : empreinte carbone, conséquences sociales, déforestation, construction de routes, etc. Ces externalités sont souvent « oubliées » dans les filières commerciales traditionnelles, mais sont par contre largement prises en compte dans les cahiers des charges du commerce équitable. Cet « oubli » n'est pas l'effet du hasard, mais le résultat d'une volonté politique de maximiser les profits des marchands en privatisant les bénéfices et en collectivisant le plus de coûts possibles : construction des infrastructures, réparation des dégâts causés à l'environnement, coûts sociaux, etc. Le principe « pollueur-payeur » est bien loin d'être correctement appliqué à l'environnement. Il existe très peu concernant les coûts sociaux.

Le « rapport de force » entre le vendeur et l'acheteur est toujours présent. Nous y reviendrons car le commerce équitable, c'est précisément la volonté de discipliner ce rapport de force en vue de permettre à chacun des acteurs – y compris l'environnement – de tirer bénéfice de cet échange.

De plus, cette relation ne peut pas être considérée uniquement de façon unitaire et il convient de ne pas « sous estimer le fonctionnement systémique de l'économie de marché[36] ». Elle s'inscrit dans un marché mondialisé qui a ses règles de fonctionnement. Celles-ci sont très largement contestées par les acteurs du commerce équitable mais ceux-ci y sont assujettis.

La chaîne de relations commerciales qui va des producteurs initiaux au consommateur final peut être très longue et complexe. Le commerce équitable s'intéresse

36 Estelle Ferrarese, *Le marché de la vertu – Critique de la consommation éthique*, Problèmes et Controverses, Librairie philosophique J. Vrin, Paris, 2023

pour l’instant à des produits dont la chaîne logistique est relativement simple, à l’exception notable du FairPhone. On ne peut pas trouver de véhicule automobile construit selon les normes du commerce équitable. C’est dommage, et aller vers des produits de plus en plus complexes pourrait être un de ses buts.

Selon les organisations, c’est tout ou partie de cette chaîne commerciale qui est considérée ou non comme équitable. On voit ici une première différence entre les acteurs, selon qu’ils visent une partie ou la totalité d’une filière. L’idée de produit équitable (labellisé ou non) est donc un raccourci qui conduit à bien des ambiguïtés puisque au niveau du consommateur final, c’est bien le produit, et non la succession des relations commerciales aboutissant à sa disponibilité, qui est porteur d’un label de commerce équitable !

3.1 Définitions du commerce équitable

3.1.1 Les définitions du commerce équitable : diversité et évolutions

La définition du commerce équitable a longtemps varié selon les organisations, qui adaptaient leurs pratiques et leurs principes à leurs contextes spécifiques. Ainsi, la Sales Exchange for Refugee Rehabilitation and Vocation (Serrv), organisation américaine fondée en 1949 et pionnière du secteur, posait les jalons du mouvement en affirmant que « le commerce équitable est un engagement en faveur d'un monde plus juste, garantissant que les personnes qui fabriquent et cultivent des produits ont un endroit où les vendre, qu'elles sont rémunérées équitablement et que leurs conditions de travail et leurs communautés sont sûres et saines[37] ».

37 https://www.serrv.org/fair-trade/

Jusqu'au tournant du XXIe siècle, chaque acteur du commerce équitable proposait sa propre définition, ce qui se traduisait par une grande diversité de pratiques.

Un jalon marquant fut posé en 2001, lorsque le consortium FINE — réunissant les principales organisations (Fairtrade International, IFAT, devenue depuis la World Fair Trade Organization/WFTO, Network of European World Shops, et European Fair Trade Association/EFTA) — adopta une définition commune : le commerce équitable est un partenariat commercial fondé sur le dialogue, la transparence et le respect, poursuivant l'objectif d'une plus grande équité dans le commerce mondial. Il contribue au développement durable en offrant de meilleures conditions commerciales et en garantissant les droits des producteurs et travailleurs marginalisés, tout particulièrement dans les pays du Sud. Les organisations du commerce équitable, soutenues par les consommateurs, s'engagent activement à soutenir les producteurs, à sensibiliser l'opinion et à plaider pour une évolution des règles et pratiques du commerce international traditionnel.

Aujourd'hui encore, cette définition fait référence. Cependant, sous l'impulsion de structures innovantes telles que fairafric, une nouvelle conception émerge, parfois qualifiée de « Fairtrade 2.0 » ou « Fairchain » .

Cette définition part du problème posé par le fait que les pays du Sud produisent des matières premières qui sont transformées au sein des pays industrialisés leur assurant une part importante de la valeur ajoutée. Le commerce équitable traditionnel et la législation sur les chaînes d'approvisionnement n'ont pas permis de modifier fondamentalement cet état de fait. Pour résoudre ce problème, le mouvement Fairchain installe l'ensemble de la chaîne de production dans le pays d'origine des matières premières. « Cette évolution traduit la volonté de renforcer l'autonomie industrielle et économique des producteurs dans les pays du Sud[38]».

3.1.2 La reconnaissance légale du commerce équitable en France

Pour répondre aux risques de « fairwashing » — c'est-à-dire la récupération du commerce équitable à des fins uniquement marketing sans réel impact — les organisations du secteur ont mené un intense travail de plaidoyer afin d'obtenir une reconnaissance juridique. C'est en 2005 que fut promulguée en France la loi n° 2005-882, qui propose la définition suivante à l'article 60 :

Le commerce équitable s'inscrit dans la stratégie nationale de développement durable.

Au sein des activités du commerce, de l'artisanat et des services, le commerce équitable organise des échanges de biens et de services entre des pays développés et des producteurs désavantagés situés dans des pays en développement. Ce commerce vise à l'établissement de relations durables ayant pour effet d'assurer le progrès économique et social de ces producteurs.

Les personnes physiques ou morales veillant au respect de ces conditions sont reconnues par une commission dont la composition, les compétences et les critères de reconnaissance sont fixés par décret en Conseil d'État.

Cette première définition entretenait une distinction géographique entre « pays développés » et « pays en développement », ce qui excluait de fait la possibilité de promouvoir un commerce équitable en faveur de producteurs défavorisés au sein des pays développés, une réalité toutefois bien existante.

En 2014, la loi relative à l'économie sociale et solidaire (loi ESS) a donc révisé cette approche, supprimant la

38 https://fairafric.com/en/pages/fairchain

référence géographique et élargissant la portée de la notion. La définition légale actuellement en vigueur dispose que :

Le commerce équitable a pour objet d'assurer le progrès économique et social des travailleurs en situation de désavantage économique du fait de leur précarité, de leur rémunération ou de leur qualification, organisés au sein de structures à gouvernance démocratique, au moyen de relations commerciales avec un acheteur, selon les conditions suivantes :

- *Un engagement contractuel sur une durée permettant de limiter l'impact des aléas économiques, d'une durée minimale de trois ans ;*
- *Le paiement d'un prix rémunérateur, établi sur l'identification des coûts de production et une négociation équilibrée entre les parties au contrat ;*
- *Le versement d'un montant supplémentaire dédié à des projets collectifs destinés à renforcer les capacités et l'autonomisation des travailleurs ;*
- *La capacité de chaque entreprise à fournir des informations relatives à la traçabilité des produits ;*
- *La participation des entreprises à des actions de sensibilisation et d'éducation à des modes de production et de consommation socialement et écologiquement durables.*

Cette législation, qui s'impose à l'ensemble des entreprises actives en France, reflète l'évolution des pratiques et des enjeux du secteur. Cependant, il convient de souligner que nombre d'acteurs internationaux du commerce équitable vont aujourd'hui au-delà de ce cadre normatif.

3.2 Les 10 principes du commerce équitable

La WFTO part de 10 principes fondamentaux pour définir son commerce équitable. Les organisations qui adhèrent à cette organisation s'engagent à les respecter.

Dans les présentations de ceux-ci, les titres sont ceux du site officiel de WFTO.

3.2.1 Création d'opportunités pour les producteurs économiquement défavorisés

Ce premier principe[39] est la traduction directe du fameux slogan « Trade not aid ». Il donne aux organisations qui se revendiquent du commerce équitable la mission de soutenir les « travailleurs économiquement marginalisés » pour leur donner les opportunités d'entrer sur le marché. Ces organisations peuvent prendre une forme indifférente - association, coopérative, entreprise, employés dans des entreprises familiales engagées dans le commerce équitable, travailleurs indépendants, à domicile ou rester informelles. Elles doivent disposer d'un plan d'action susceptibles de créer ces opportunités et de réaliser cette mission.

La priorité donnée aux producteurs défavorisés est tout à fait conforme à la volonté des acteurs du commerce équitable qui ont comme première motivation la lutte contre la pauvreté. Le dernier rapport de la FAO sur la pauvreté rurale indique qu'environ 80 % des personnes les plus pauvres du monde vivent en zone rurale et dépendent de l'agriculture pour leur subsistance et leur sécurité alimentaire. Il est donc tout à fait naturel que les principaux produits du commerce équitable soient des produits agricoles. C'est certainement le plus efficace et,

39 WFTO, *The WFTO Fair Trade Standard*, p. 15,

comme nous l'avons déjà noté, c'est aussi le plus simple puisque la chaîne logistique liée à la commercialisation de ces produits est assez courte.

Toutefois, on peut se demander si cette priorité n'entre pas en contradiction avec la volonté de changer l'ensemble du commerce. En effet, si l'on veut réellement faire en sorte que le commerce équitable se généralise, il est indispensable de le rendre très évident aux yeux des consommateurs (et des décideurs politiques, nous y reviendrons). Dès lors, élargir la gamme des produits équitables à des produits très visibles, même s'ils viennent de producteurs et transformateurs moins défavorisés, serait un atout important pour atteindre cet objectif. L'élargissement du commerce équitable aux échanges Nord-Nord, tel que c'est maintenant le cas en France et dans bien d'autres pays, va dans ce sens.

Un autre élément lié à ce principe est sujet à discussion : le commerce équitable tel qu'il est pratiqué aujourd'hui permet-il réellement de sortir les producteurs (et leurs employés) de la pauvreté et jusqu'à quel point ? Nous reviendrons sur ce point.

3.2.2 Transparence et responsabilité

Ce deuxième principe[40] impose la transparence dans la gestion et les relations commerciales et il donne le droit aux partenaires commerciaux de disposer de toutes les informations pertinentes. Il exige le respect de la confidentialité des informations sensibles. Il impose l'implication des travailleurs et des producteurs dans les processus décisionnels.

L'exigence de transparence de la relation commerciale est un élément tout à fait fondamental pour permettre l'équité. En effet, c'est par cette transparence que l'on peut

40 Ibid. p. 17

faire ressortir les « abus de pouvoir » liés à la puissance d'un des acteurs. Rendre les choses publiques est une arme des faibles vis-à-vis des forts. Les organisations de commerce équitable sont attentives à ce principe et le mettent en œuvre par exemple en publiant des décompositions de prix permettant à chacun, du producteur initial au consommateur final de voir quelle est la part de chacun dans la relation commerciale.

Ces décompositions de prix sont souvent difficiles à interpréter en raison des différences de pouvoir d'achat des monnaies selon les pays. En effet, il est clair qu'un euro n'a pas le même pouvoir d'achat en France et au Burkina-Faso par exemple. On peut alors utiliser la parité en pouvoir d'achat qui rend mieux compte de cette réalité, même si elle dépend largement du panier de produits utilisé pour la définir.

Toutefois, si cette décomposition de prix est réalisable sur les produits simples qui font l'objet du commerce équitable d'aujourd'hui, l'application à des produits à la nomenclature complexe semble beaucoup plus difficile et sans doute bien moins utile au consommateur final qui aurait besoin d'un tiers de confiance pour être sûr que le produit qu'il achète est bien le fruit d'une chaîne équitable. Il reste toutefois une marge de progression importante pour labelliser des relations d'échanges un peu plus complexes que des produits agricoles consommés avec très peu de transformation. Les vêtements, les meubles, etc. sont des objets qui peuvent parfaitement faire l'objet d'un commerce équitable labellisé.

3.2.3 Pratiques commerciales équitables

Ce principe[41] détaille quelques éléments de pratique commerciale destinés à favoriser le bien-être social,

41 Ibid. p. 19

économique et environnemental des producteurs et des travailleurs « économiquement défavorisés ».

Engagements commerciaux définis

Il demande à chacun des partenaires de la relation commerciale de respecter ses engagements (délais, spécifications, qualité)

Paiement et préfinancement

Il impose aux acheteurs de payer dès réception des documents ou selon les règles mutuellement acceptées.

Un acompte de 50 % est payé sur demande du fournisseur. Cet acompte est sans intérêt financier pour les produits non-alimentaires. Pour les produits alimentaires, le taux d'intérêt ne peut pas être supérieur au coût d'emprunt pour les acheteurs. Si un acompte est versé, le fournisseur veille à ce que ce paiement soit bien reversé aux producteurs qui fabriquent ou cultivent les produits.

Annulation et résolution des problèmes

Il prescrit aux acheteurs et producteurs/fournisseurs de se concerter en cas de problèmes (annulation de commande, refus à la livraison, retard, non conformité, etc.)

Partenariats commerciaux à long terme

Il impose aux acheteurs de construire des relations durables fondées sur la solidarité, la confiance et le respect mutuel, excluant les achats ponctuels. Il demande aux partenaires commerciaux de chercher à accroître la valeur, la diversité et le volume de leur offre de produits, afin de développer le commerce équitable pour les producteurs et d'accroître leurs revenus.

Concurrence loyale

Ce paragraphe du troisième principe invite les organisations à coopérer entre elles et à éviter toute concurrence déloyale ou reproduction de motifs ou modèles sans autorisation.

Identité culturelle et respect des savoir-faire traditionnels

L'artisanat local, l'alimentation et d'autres services sont les reflets de l'identité culturelle et de savoir-faire traditionnels. Les organisations de commerce équitable les reconnaissent, les promeuvent et les protègent.

Finalement, ce troisième principe tente de rétablir l'équilibre entre un producteur « marginalisé » et un acheteur supposé plus fort. C'est le plus souvent le cas. Prépaiement et contrats à long terme (3 ans minimum dans la loi française sur le commerce équitable) sont incontestablement des éléments favorables aux producteurs. Les contrats à long terme sont les éléments souvent considérés comme les plus importants par les producteurs, bien au delà du prix, car ceux-ci ont ainsi une visibilité sur l'avenir qui leur permet d'investir, d'obtenir éventuellement des prêts, et même d'assurer la sécurité alimentaire des plus pauvres.

Le respect de l'identité culturelle et des savoir-faire traditionnels a toujours été une volonté très forte des acteurs du commerce équitable. Cela concerne en particulier les peuples autochtones. On peut noter que les droits fonciers et la culture des peuples autochtones sont de mieux en mieux reconnus par les instances internationales. Ainsi, le 13 septembre 2007, l'assemblée générale de l'ONU a voté et publié une déclaration sur les droits des peuples autochtones[42].

On peut citer l'article 19 de cette déclaration :

Les États se concertent et coopèrent de bonne foi avec les peuples autochtones intéressés — par l'intermédiaire de leurs propres institutions représentatives — avant d'adopter et d'appliquer des mesures législatives ou administratives susceptibles de concerner les peuples autochtones, afin d'obtenir leur consentement préalable, donné librement et en connaissance de cause.

L'article 32 précise leurs droits sur les terres :

1. *Les peuples autochtones ont le droit de définir et d'établir des priorités et des stratégies pour la mise en valeur et l'utilisation de leurs terres ou territoires et autres ressources.*
2. *Les États consultent les peuples autochtones concernés et coopèrent avec eux de bonne foi par l'intermédiaire de leurs propres institutions représentatives, en vue d'obtenir leur consentement, donné librement et en connaissance de cause, avant l'approbation de tout projet ayant des incidences sur leurs terres ou territoires et autres ressources, notamment en ce qui concerne la mise en valeur, l'utilisation ou l'exploitation des ressources minérales, hydriques ou autres.*
3. *Les États mettent en place des mécanismes efficaces visant à assurer une réparation juste et équitable pour toute activité de cette nature, et des mesures adéquates sont prises pour en atténuer les effets néfastes sur les plans environnemental, économique, social, culturel ou spirituel ».*

---

42 ONU, *Déclaration des Nations Unies sur les droits des peuples autochtones*, Assemblée générale des Nations Unies, 13 septembre 2007.

Depuis cette date, tous les rapports internationaux sur l'environnement, la diversité biologique, les forêts, etc. contiennent une partie sur les droits des peuples autochtones. Ils reconnaissent systématiquement que les connaissances et la culture de ces peuples sont importantes pour la préservation de notre environnement. On peut, à titre d'exemple, citer le texte du règlement européen sur la déforestation qui affirme dans ses « considérant » :

(Considérant 57) : Le respect des droits des populations autochtones en ce qui concerne les forêts et le principe du consentement préalable, libre et éclairé, tels qu'ils sont notamment énoncés dans la déclaration des Nations unies sur les droits des peuples autochtones, contribue à protéger la biodiversité, à atténuer le changement climatique et à répondre aux préoccupations en matière d'intérêt public qui y sont liées. Les populations autochtones possèdent des savoirs traditionnels concernant les richesses naturelles et médicales et offrent très souvent un modèle d'utilisation durable des ressources forestières. Cela peut contribuer à la conservation in situ, conformément à la CDB (Convention sur la diversité biologique[43]). *En outre, d'après certaines études, les populations autochtones vivant en forêt jouent un double rôle dans la lutte contre le changement climatique : d'une part, ils résistent en général à l'occupation et à la déforestation des terres qu'ils habitent depuis des générations et, d'autre part, certaines communautés autochtones considèrent qu'il est de leur responsabilité de protéger les forêts afin d'atténuer le changement climatique*[44].

---

43 La Convention sur la diversité biologique ou convention de Rio est un traité international adopté lors du sommet de la terre en 1992. https://www.cbd.int/doc/legal/cbd-fr.pdf

44 Journal Officiel de l'Union européenne, *Règlement (UE) 2023/1115 du Parlement européen et du Conseil*, L 150/214, 31 mai 2023.

(Considérant 59) Le concept de consentement préalable, libre et éclairé des populations autochtones a été élaboré au fil du temps à la suite de l'approbation de la convention (n° 169) de l'Organisation internationale du travail relative aux peuples indigènes et tribaux de 1989, et il figure dans la déclaration des Nations unies sur les droits des peuples autochtones. Il vise à constituer une garantie permettant que les incidences potentielles sur les populations autochtones soient prises en considération dans le processus décisionnel sur les projets les concernant[45].

Ce respect du consentement préalable, libre et éclairé fait souvent l'objet de conflit avec les multinationales de l'industrie extractive (pétrole, minerais, etc.) et de l'agro-industrie. Ainsi, le rapport 2019 du programme international pour la biodiversité et les services écosystémiques signale que « les espaces naturels gérés par les peuples autochtones et les communautés locales [...] sont confrontés à l'extraction croissante de ressources, la production de produits primaires, l'activité minière, les infrastructures énergétiques et de transports, avec des répercussions diverses pour les moyens de subsistance et la santé des communautés locales[46] ».

« Les scénarios régionaux et mondiaux ne tiennent pas explicitement compte des vues, des perspectives et des droits des peuples autochtones et des communautés locales, ainsi que de leurs connaissances et de leur compréhension de grandes régions et d'écosystèmes étendus, et des voies de développement qu'ils souhaiteraient suivre ».[47]

45 Ibid. L 150/215

46 IPBES (2019 S) op. cit. B6 p. 16

47 Ibid. p. 18

Plus précisément, le règlement sur la déforestation de l'Union Européenne déjà cité indique dans son considérant n°7 que

Les défenseurs des droits de l'homme liés à l'environnement, qui s'efforcent de protéger et de promouvoir les droits de l'homme relatifs à l'environnement, notamment l'accès à une eau, un air et des terres propres, sont souvent la cible de persécutions et d'attentats meurtriers. Ces attentats touchent les populations autochtones de manière disproportionnée. Selon des rapports de 2020, plus de deux tiers des victimes de ces attentats militaient pour la défense des forêts de la planète contre la déforestation et le développement industriel[48]*.»*

Deux exemples en Équateur parmi beaucoup d'autres, peuvent illustrer cette situation :

- d'une part, la victoire du peuple Sarayaku, en Amazonie équatorienne, qui a empêché l'exploitation pétrolière sur son territoire[49]
- d'autre part, dans la paroisse de Pacto, la lutte très difficile des producteurs de panella (un sucre de canne) biologique et équitable (COPROPAP) et des artisans équitables (MCCH Maquita Cushunchic Comercializando como Hermanos). Ces organisations font partie du Frente antiminero Pacto por la vida, el agua y la naturaleza et militent pour la sauvegarde de la réserve de biodiversité Choco Andino de Pichincha. En particulier, ils luttent contre l'exploitation minière légale et illégale dans cette réserve.

Au delà des violations manifestes des droits des peuples autochtones, l'assistanat pratiqué au nom d'une soi-disant

48 Journal Officiel de l'Union européenne, op. cit. L 150/207

49 Centre national de coopération au développement (CNCD-11.11.11), *Victoire historique du Peuple de Sarayaku contre le gouvernement équatorien*, 30 juillet 2012.

réparation des actes commis par les générations précédentes, accompagnés d'exceptions juridiques qui favorisent l'alcoolisme et le trafic de drogues de toutes natures, est un moyen utilisé pour faire taire ces populations.

Malgré les déclarations de bonnes intentions des grands organismes (ONU, Union Européenne ...) et des états qui accueillent ces populations, on est encore bien loin d'une application rigoureuse des textes dans ce domaine. Il en résulte que le soutien des acteurs du commerce équitable aux producteurs reste nécessaire.

3.2.4 Rémunération équitable

Le quatrième principe[50] définit ce qu'est une rémunération équitable. Elle est négociée et acceptée par tous. Elle est égale entre les hommes et les femmes pour un travail égal.

Une rémunération équitable est composée de prix équitables, de salaires équitables et de salaires vitaux locaux.

Prix équitables

Un prix équitable représente un partage équitable du prix final entre tous les acteurs de la filière. Il est fixé de façon transparente et librement négocié. Il inclut un salaire et un profit équitables.

Salaires équitables

Un salaire équitable suppose le versement d'au moins un salaire vital local.

Salaire vital local

Un salaire vital local permet au travailleur et à sa famille d'acquérir « la nourriture, l'eau, l'hébergement,

50 WFTO op. cit. p. 21

l’éducation, les soins de santé, les transports, l’habillement et les autres besoins essentiels y compris une épargne pour la prise en charge des imprévus ».

Ce principe signifie qu’un prix équitable doit être “librement” négocié sur la base du prix de revient du produit[51] et doit a minima couvrir les frais engagés pour la culture ou la fabrication — achats d’outils, de matières premières (graines pour les agriculteurs par exemple) d’intrants, carburants, etc. – et permettre un revenu décent équivalent à un salaire décent au prorata du temps de travail.

Cela implique que le producteur soit en capacité de calculer de façon transparente son prix de revient ce qui nécessite une formation. Cette formation pourra le plus souvent être assurée par une organisation des producteurs. C'est en particulier cela qui fait que le commerce équitable s'adresse à des « petits producteurs organisés », car cette organisation est le seul véritable moyen d'aller vers une relation commerciale dans laquelle acheteur et vendeur sont à égalité.

On peut noter que l'épargne dont il est question dans l’énoncé de ce principe n’est que l’épargne de précaution pour les événements inattendus, mais que rien n’est dit sur l'épargne ou le revenu différé pour la retraite, ni sur un droit à la culture et aux loisirs comme besoins essentiels. Il est clair qu'il y a ici une marge de progrès significative pour les acteurs du commerce équitable. Les droits sociaux, retraite, maladie ... sont souvent pris en charge par le supplément de prix pour projets collectifs payé dans le commerce équitable. Le droit à la culture et aux loisirs n’est par contre jamais cité !

51 C’est ce que prévoit également la loi Egalim en France.

3.2.5 Garantie de l'absence de travail des enfants et de travail forcé

Ce principe reprend la Convention des Nations Unies relative aux droits de l'enfant et la convention n°29 de l'Organisation Internationale du Travail (OIT) et précise comment elles s'appliquent dans le contexte du commerce équitable.

Travail des enfants

Les acheteurs de produits équitables ont l'obligation de s'assurer que les droits de l'enfant sont effectivement respectés. De plus, toute implication des enfants dans la production (apprentissage d'un savoir-faire par exemple) doit être signalée et surveillée. Elle ne doit pas porter atteinte à leur sécurité, à leur bien-être, à leurs besoins éducatifs et à leur besoin de jeu[52].

D'après l'OIT[53], 3,3 millions d'enfants[54] sont astreints au travail forcé. Les enfants peuvent subir des formes très graves de coercition allant jusqu'à l'enlèvement, l'administration de drogues, la séquestration ... Et ce chiffre ne représente probablement que la partie émergée de l'iceberg, en raison du manque de données[55]. La communauté internationale s'est engagée à abolir cet esclavage avant 2025 dans le cadre des Objectifs du Développement Durable ! On peut légitimement douter que cet objectif sera atteint.

---

52 WFTO op. cit. p. 23

53 OIT, *Estimations mondiales de l'esclavage moderne – Travail forcé et mariage forcé, résumé analytique*, p. 5, Genève, septembre 2022

54 Voir l'annexe 4 pour la définition de l'enfant (UNICEF) et de son travail (OIT)

55 OIT, op. cit.p. 7

Travail forcé et traite des êtres humains

L'organisation doit garantir l'absence de travail forcé ou de traite des êtres humains parmi ses employés et/ou par ses producteurs, groupements de producteurs ou travailleurs à domicile[56].

C'est la convention n°29 de l'Organisation Internationale du Travail, entrée en vigueur le 1er mai 1932, qui interdit le travail forcé. Cette convention a été ratifiée par 180 pays, à l'exception notable des États-Unis d'Amérique et de l'Afghanistan. La Chine l'a ratifiée le 12 août 2022 pour une entrée en vigueur le 12 août 2023.

Pourtant, le travail forcé concerne 27,6 millions de personnes dans le monde en 2021, soit 3,5 personnes pour mille[57]. Cela représente une augmentation de 2,7 millions de personnes depuis la précédente estimation en 2016. Le travail forcé concerne en premier lieu les migrants. Sa prévalence est trois fois plus importante chez les travailleurs migrants adultes que dans le reste de la population. Il n'épargne aucune région du monde : 5,3 personnes pour mille dans les états arabes, 4,4 en Europe et en Asie Centrale, 3,5 pour mille en Amérique et dans la région Pacifique et 2,9 pour mille en Afrique, et cela aussi bien dans les pays à faible revenu que dans les pays à revenu élevé. Il concerne essentiellement le secteur privé puisque 86 % des cas de travail forcé sont le fait d'acteurs privés. Par secteur économique, les services représentent 40,2 % des travailleurs contre 50,9 % des travailleurs forcés, l'agriculture 12,3 % contre 27,4 %, l'industrie 18,7 % contre 13,1 %, la construction 16,3 % contre 7,2 %. Les mines et carrières 1,4 % contre 1,4 %. Les formes de coercition vont de la rétention du salaire (forme de

---

56 WFTO op. cit. p. 23

57 OIT, op.cit. p. 5,

coercition la plus courante) à la violence physique voire sexuelle, la privation des besoins essentiels en passant par l'abus de vulnérabilité (menace de renvoi).

Dans ce contexte, ce principe joue un rôle très important : au-delà de l'acteur qui ne respecterait pas ce principe, il pose très clairement la responsabilité de l'acheteur quant au travail des enfants et au travail forcé. C'est une clause bien plus exigeante que tout ce qui est fait actuellement en terme de responsabilité des multinationales vis-à-vis de leurs sous-traitants, puisqu'elle s'impose à tous les acteurs, sans limite de taille ou de chiffre d'affaires.

3.2.6 Engagement en faveur de la non-discrimination, de l'égalité des sexes, de l'autonomisation économique des femmes et de la liberté d'association

Non-discrimination et égalité salariale

Ce principe interdit toute discrimination fondée sur la race, la caste, la nationalité, la religion, le handicap, le sexe, l'orientation sexuelle, l'appartenance syndicale, l'affiliation politique, le statut VIH/SIDA ou l'âge. Cette interdiction s'applique en matière d'embauche, de rémunération, d'accès à la formation, de promotion, de licenciement, et de retraite. Les besoins spécifiques des femmes enceintes et allaitantes en matière de santé et de sécurité sont traités.

Égalité des genres

Il impose à l'entreprise d'avoir une politique et un plan clairs pour garantir l'égalité des genres. Ainsi est garantie aux femmes comme aux hommes, la possibilité d'influencer leur environnement politique, réglementaire et institutionnel, d'occuper des postes de direction dans la gouvernance, quel que soit leur statut en matière de propriété foncière et immobilière.

Liberté d'association

Il donne aux travailleurs le droit de s'organiser et de négocier librement, même lorsque la loi et/ou le contexte politique restreignent le droit d'adhérer à un syndicat[58].

On a vu précédemment que de très nombreuses discriminations existent dans notre société, et que dans ce domaine, il y a énormément de progrès à réaliser. Ainsi, la discrimination liée à l'âge existe bien en France en ce qui concerne l'embauche. De même, l'égalité entre les femmes et les hommes est loin d'être atteinte partout. Le rapport de l'IPBES du 29 mai 2019, déjà cité indique : « L'insécurité foncière et la précarité des régimes d'exploitation des ressources, ainsi que le déclin de la nature, sont plus préjudiciables aux femmes et aux filles, qui en subissent le plus souvent les effets néfastes[59] ».

L'absence de toute discrimination au sein des organisations de commerce équitable est une exigence très forte qui se heurte à de nombreuses traditions et habitudes et pas seulement chez les producteurs du sud. Le respect total de ce principe est certainement l'une des choses les plus difficiles à réaliser et les organisations de commerce équitable se situent plutôt dans une logique de progrès continu que dans le respect absolu de ce principe. Ceci étant, dans le commerce équitable, l'égalité entre femmes et hommes est bien mieux respectée que dans le reste de la société. Ainsi, « les conseils d'administration des deux principaux réseaux mondiaux de promotion du commerce équitable – Fairtrade International et World Fair Trade

58 WFTO, op. cit. p. 25
59 IPBES, op. cit. C2, p. 15

Organization – sont composés à 50 % de femmes, alors que, dans les entreprises traditionnelles, le pourcentage de postes de cadres supérieurs est seulement de 31 % au niveau global », selon une étude du cabinet Grant Thornton's.

« Ces résultats sont d'autant plus impressionnants qu'ils sont obtenus sans imposer de quotas de genre », dit Isabelle Durant, Secrétaire générale de la CNUCED par intérim.[60]. Il en est de même dans les organisations membres sans que soit mis en place un système de quota.

3.2.7 Garantie de bonnes conditions de travail

Santé et sécurité au travail

Ce principe[61] affirme que les travailleurs et les producteurs ont le droit de bénéficier d'un environnement de travail sûr et sain. Au minimum, l'organisation respecte les conventions de l'OIT et la législation nationale et locale.

Horaires et conditions de travail

Il en est de même pour les horaires et conditions de travail, y compris pour les travailleurs à domicile.

Conditions de travail sûres pour les producteurs et les fournisseurs

Les organisations qui se fournissent auprès des groupements de producteurs s'assurent que les conditions de travail sont sûres et saines et sensibilisent les

---

60 CNUCED, *Le commerce équitable : un modèle qui favorise aussi l'égalité entre les femmes et les hommes ? les 8 du mois until we're there*, 8 juillet 2021

61 WFTO, op. cit. p. 27

groupements de producteurs aux questions de santé et de sécurité.

Les bonnes conditions de travail sont ici définies comme le « mieux disant » des lois locales, nationales et des conventions de l'OIT en matière de santé et de sécurité, mais aussi de temps et de conditions de travail. Sur ce point il y a, comme pour les pratiques commerciales, une exigence de transparence et donc, l'acheteur a également une responsabilité dans ce domaine. L'excuse d'ignorance ne pourra pas être invoquée en cas de difficulté.

Ce principe est, ici encore, bien plus exigeant que la timide loi française[62] ou la directive européenne[63] sur la responsabilité des multinationales face à leurs sous-traitants, puisque ce principe est posé quelle que soit la taille de l'entreprise acheteuse et quelle que soit la relation commerciale, achat ou sous-traitance.

Cette loi, puis cette directive, ont été obtenues après la catastrophe du Rana Plaza[64] dans la banlieue de Dacca au Bangladesh le 24 avril 2013. Ce jour-là, un immeuble, abritant des ateliers de confection de vêtements de nombreuses marques occidentales s'est effondré faisant plus de 1 100 morts et 2 500 blessés. Ces marques n'étaient pas directement en cause puisqu'à l'inverse des délocalisations industrielles, les fabricants de vêtements ne construisent pas d'usines sur place mais se contentent de sous-traiter à très bas coûts, à des entrepreneurs locaux la fabrication de leurs vêtements. Le retentissement de cette catastrophe du travail a été tel que les marques ont été conduites, souvent après avoir tenté de nier leur présence sur place, à prendre des engagements d'indemnisation

62 Code de commerce, Article L. 225-102-4

63 Directive du 13 juin 2024 sur le devoir de vigilance des entreprises en matière de durabilité

64 https://fr.wikipedia.org/wiki/Effondrement_du_Rana_Plaza

qu'elles n'ont pas toujours tenu. Par ailleurs, de nombreuses actions des travailleuses et travailleurs du textile au Bangladesh ont conduit à une amélioration du droit du travail dans ce pays[65]. Mais si l'on en croit l'Organisation Internationale du Travail, il reste beaucoup à faire.

3.2.8 Renforcement des capacités

Pour accroître les impacts positifs du commerce équitable, les organisations de producteurs les aident à améliorer leurs capacités de production et leurs compétences en gestion et commercialisation sur les marchés locaux, régionaux et mondiaux. Les organisations qui achètent soutiennent les organisations de producteurs dans cette tâche[66].

Les compétences des producteurs et de chacun des acteurs de la chaîne commerciale sont un élément majeur pour permettre l'équité dans l'échange ! Ce principe donne à l'acheteur, toujours considéré comme plus fort, une partie de la responsabilité de la formation nécessaire. Bien évidemment, il y a un risque de dérive paternaliste si la délégation à l'acheteur est trop importante. Il est donc nécessaire que les organisations soient très attentives pour développer au maximum leur autonomie. L'acheteur, dont le choix et la gestion des formations utiles ne sont pas neutres ne doit pas être dominant.
Cette volonté de renforcer les capacités des producteurs est tout à fait nécessaire. Une étude récente[67] indique dans

---

65 OIT, La catastrophe du Rana Plaza 10 ans après : Qu'est-ce qui a changé ?, Infostories, avril 2023

66 WFTO, op. cit. p. 29

67 Rotchil B. Ganzon, Francis Evan L. Manayan, *Exploring the Role of Educational Attainement on the Entrepreneurial Competence and Financial Risk Tolerance of Small-Scale Banana Growers*, Psychology and Education. A multidisciplanary Journal, Vol 23

sa conclusion : « Nos résultats suggèrent que le renforcement des compétences entrepreneuriales peut contribuer à atteindre ces objectifs (les objectifs du développement durable 2 Faim Zéro et 8 Travail décent et croissance économique) en améliorant la productivité, la durabilité et la résilience financière des petits producteurs de bananes dans les régions en développement ».

3.2.9 Promotion du commerce équitable

Ce neuvième principe[68] demande aux organisations de mener des actions en direction du grand public pour le sensibiliser aux objectifs du commerce équitable et à la nécessité d'une plus grande justice dans le commerce. Elles doivent aussi informer sur le changement climatique et ses impacts sur les cultivateurs, producteurs et artisans qui produisent les plus faibles émissions de carbone, mais qui souffrent le plus des inondations, des sécheresses, de la modification des régimes pluviométriques et de la hausse des températures. Elles sont tenues d'accompagner les producteurs vers la conformité aux critères du commerce équitable. Elles donnent aux acheteurs et clients des informations sur les produits qu'elles commercialisent et sur les producteurs qui les fabriquent ou les cultivent.

« Des techniques de publicité et de marketing honnêtes sont toujours utilisées ».

Là encore, l'exigence de promotion du commerce équitable est assortie d'une exigence de transparence quant à l'organisation, les produits qu'elle vend et ses fournisseurs. On notera que c'est bien sûr son intérêt si elle ne commercialise que des produits équitables. Ce l'est peut-être moins si les produits équitables ne représentent qu'une petite partie de son chiffre d'affaires.

---

n°5, p. 643, 12 août 2024

68 WFTO, op. cit. p. 31

La notion d'honnêteté des techniques publicitaires et des pratiques commerciales mériterait d'être définie tant les opinions et les pratiques diffèrent à ce sujet.

3.2.10 Action climatique et protection de l'environnement

Le texte de ce dixième principe s'est beaucoup allongé dans cette dernière version, mettant en évidence l'aggravation des problèmes liés au changement climatique, à la perte de biodiversité et à la destruction de l'environnement. L'ancienne version affirmait bien la nécessité de matières premières issues de sources gérées durablement, d'origine locale quand c'est possible, et celle d'utiliser des technologies qui visent à réduire la consommation d'énergie (de préférence renouvelable). Mais le texte restait très général, sans entrer dans le détail.

La version actuelle précise les actions à mener.

Action pour le climat et réduction des émissions de gaz à effet de serre

Ainsi, ce dixième principe[69] demande aux organisations de commerce équitable de s'adapter et de renforcer leur résilience au changement climatique. Elles doivent pratiquer des activités respectueuses des différences culturelles et des ressources naturelles, à faibles émissions, socialement justes et économiquement viables. Lorsqu'elles travaillent avec des populations autochtones, elles doivent agir pour la conservation de leur territoire et contribuer à la préservation de leur écosystème.

Les acheteurs et importateurs ont l'obligation de soutenir leurs partenaires dans l'adoption de modes de transport qui protègent notre planète, en particulier en privilégiant le transport maritime et en sélectionnant les

69 Ibid. p. 33

compagnies les plus respectueuses de l'environnement. « Tous les voyages en avion doivent être soigneusement étudiés, en privilégiant autant que possible les réunions virtuelles, tout en reconnaissant la valeur des visites en personne pour mieux comprendre les défis et les victoires des producteurs, et pour se réunir en conférence »

Production et gestion durables des déchets

Ce principe demande aux organisations de commerce équitable de cultiver, produire et commercialiser leurs produits en « minimisant les émissions de gaz à effet de serre et les nuisances aux écosystèmes naturels, à la faune et à la biodiversité ». Il encourage l'utilisation d'énergies solaires, éoliennes, hydrauliques, etc. Il invite à minimiser la consommation d'eau et la pollution de l'air et de l'eau. Enfin, les déchets doivent être gérés selon le principe « réduction-réutilisation-recyclage ».

Pour s'adapter au changement climatique, il suggère aux producteurs de matières premières agricoles d'ajuster les dates de plantation, d'utiliser des variétés résistantes à la sécheresse et de diversifier leurs cultures. Il invite à utiliser autant que possible, des méthodes de production biologiques ou à faible utilisation de pesticides

Dans les zones inondables, il propose de prendre des mesures d'atténuation des inondations.

Enfin, il impose à toutes les organisations de disposer d'une déclaration sur leur position par rapport aux organismes génétiquement modifiés.

Conception et emballage des produits

Ce principe suggère que, chaque fois que c'est possible, les matières premières, ingrédients, et composants des produits issus du commerce équitable, soient eux-mêmes issus du commerce équitable ou de sources durables et responsables, en utilisant le plus possible, des matériaux réutilisés ou recyclés. De même, les produits sont conçus pour être facilement recyclables, compostables ou biodégradables.

Ces règles s'appliquent également aux emballages et l'utilisation de plastiques non recyclés est réduite au minimum.

L'exigence du respect de l'environnement ne va pas jusqu'à imposer les règles de l'agriculture biologique pour les intrants et les techniques culturales, même si elles sont fortement encouragées. Par contre, la recherche de fournisseurs locaux, la minimisation de la consommation d'énergie (en particulier fossile), la minimisation des déchets etc. sont des exigences très importantes qui s'inscrivent bien sûr dans une démarche d'amélioration continue à toutes les étapes de la chaîne commerciale.

On peut donc s'interroger sur l'importation des produits de l'autre bout du monde. Il est clair que si l'on veut consommer des produits qui n'existent pas localement, il est nécessaire de les importer. Avec quelle empreinte carbone ? Ces produits sont-ils utiles ? Il y a à ce niveau un vrai débat que chacun doit trancher. La découverte et la rencontre d'autres cultures par des voyages, des vacances et/ou l'achat de produits doit être intégrée dans ce débat.

On peut tout de même noter que, paradoxalement, l'empreinte carbone d'un produit importé n'est pas toujours supérieure à celle d'un produit local comparable !

Intéressons nous par exemple à un sucre de canne biologique nommé panela[70] produit en Équateur dans la paroisse de Pacto. Ce sucre est importé en France par le port du Havre. Nous supposons que ce sucre est transporté dans un conteneur standard de 20 pieds[71]. Ce conteneur est

70 Ce sucre est commercialisé par Solidar'Monde sous la marque Dulcita®

71 Pour les calculs, nous utilisons le calculateur proposé par Geodis, conforme à la norme EN16258, https://geodis.com/w-fr/geodis_carbon_calculator/form#

supposé contenir 10t de sucre. Le transport génère plusieurs classes de produits polluants. Il s'agit du CO2e qui regroupe l'ensemble des gaz à effet de serre, principaux responsables du réchauffement climatique, des particules fines (pm)[72], des oxydes d'azote (NOx)[73], des hydrocarbures non méthaniques (NMHC)[74] et des oxydes de soufre (SOx)[75].

De Pacto jusqu'au port de Guyaquil, le conteneur est transporté (420 km) par un camion selon la norme euro 2. Le conteneur est alors chargé sur un navire porte-conteneurs en direction du Havre à 11 725 km.

Mais au-delà des transports, la culture et la fabrication du sucre sont émettrices de gaz à effet de serre et autres polluants. Les valeurs présentées dans les tableaux proviennent de l'institut technique de la betterave et du Cirad pour la panela.

L'empreinte carbone de cette panela est bien inférieure d'environ 10 % à celle d'un sucre de betterave d'origine française. Malgré tout, on note également qu'en ce qui concerne les autres polluants, ce n'est pas le cas. Les progrès écologiques en cours, dans le domaine du transport maritime (évolution des carburants, cargo à voile) et dans celui de l'agriculture peuvent faire évoluer la situation assez rapidement dans un sens comme dans l'autre.

---

72 L'inhalation de ces polluants engendre par exemple des problèmes pulmonaires et respiratoires dont des cancers. Elles provoquent la formation de nuages toxiques (SMOG).

73 Respirer des NOx peut provoquer des problèmes respiratoires (crises d'asthme). Les oxydes d'azote favorisent la formation d'ozone dans les basses couches de l'atmosphère et de pluies acides.

74 Ces composants sont allergisants et ont des effets cancérigènes et mutagènes

75 Les oxydes de soufre provoquent des problèmes respiratoires et sont une source d'acidification des écosystèmes terrestres et marins. Ils provoquent également des brouillards (SMOG)

10t de sucre de betterave	CO2e (kg)	pm (g)	Nox (g)	NMHC (g)	Sox (g)
Culture	2 525	0	350	0	0
Fabrication	3 000	3 500	5 000	500	300
TOTAL	5 525	3 500	5 350	500	300

Tableau 3: Empreinte écologique de la fabrication du sucre de betterave

10 t de panella	CO2e (kg)	pm (g)	Nox (g)	NMHC (g)	Sox (g)
Culture	2 000	0	200	0	0
Fabrication	1 400	20 000	21 000	750	350
Pacto – Guyaquil	782	122	6 988	386	2 273
Guyaquil – Le Havre	769	1 208	15 637	1 022	3 034
TOTAL	4 951	21 330	43 825	2 158	5 657

Tableau 4: Empreinte écologique de la fabrication de la panella

4 L’histoire du commerce équitable

L’échange entre les groupements humains a commencé très tôt dans la préhistoire. Puis, dès les premiers textes écrits on voit apparaître la nécessité de réguler cette activité. Le commerce équitable s’inscrit dans la continuité de ce besoin de régulation.

4.1 Débuts du commerce : des origines à l’antiquité

Les premiers échanges de marchandises se situent dès le néolithique, voire le mésolithique. Il y a environ 8 100 ans, des moutons et des chèvres sont apparus pour la première fois à Nabta (Égypte), après avoir été introduits d'Asie du Sud-Ouest, où la domestication des caprins était connue depuis plus de 2 000 ans[76]. La jadéite, pierre verte aux qualités très particulières, fut taillée dans les Alpes françaises et italiennes dès le VIe millénaire avant notre ère pour en faire des lames de haches, retrouvées jusque dans le nord de l’Europe (Bretagne, Écosse, Danemark)[77].

En Mésopotamie, le commerce local se développe à l’époque d’Obeïd (5 000 ans avant notre ère) et s’ouvre au commerce longue distance dès la période d’Uruk (4 000 ans avant notre ère). S’y échangeaient céramiques, textiles, huiles, céréales, et étaient importés cuivre, ivoire, perles, pierres précieuses, or, argent, bois ou encore lapis-lazuli. Déjà, des routes commerciales structurent les échanges : voie de la Soie, routes maritimes (Marseille,

---

76 Fred Wendorf et Romuald Schild, 2000, *Late Neolithic megalithic structures at Nabta Playa (Sahara), southwestern Egypt*, [archive wikilix], 13 février 2008.

77 Anne Lehoërff, *Préhistoires d’Europe - De Néandertal à Vercingétorix - 40 000 à 52 avant notre ère*, p; 257, Éditions Belin, Paris, 2016

cités hanséatiques du Nord), fleuve Niger, Atlantique et routes interafricaines, cités swahilies comme Kilwa ou encore routes du Pacifique[78].

Très tôt donc, les humains ont échangé toutes sortes de marchandises avec d'autres humains, proches ou lointains. Ces marchandises pouvaient être des biens alimentaires (céréales, huiles, poissons, épices ...) des produits issus de mines (cuivre, pierres semi-précieuses, plus tard or ...), des produits artisanaux (paniers, nattes en roseau ...) ou des objets de luxe (tissus de soie, outils ou armes d'apparat ...) et éventuellement des esclaves.

4.1.1 Échange et sociétés anciennes

Le troc domine dans de nombreuses civilisations antiques, mais le don et contre-don jouent aussi un grand rôle symbolique, illustré par exemple chez les Iroquois[79] ou entre élites celtes. Chez les Phéniciens, les biens de prestige circulent sous forme de cadeaux, instaurant une dette et initiant parfois de réels partenariats commerciaux. Toutefois, les échanges s'effectuent aussi selon des traités fixant les valeurs d'échange.

La Mésopotamie développe les premiers codes juridiques relatifs au commerce, tels que le code d'Urukagina (vers 2350 av. J.-C.), puis celui plus célèbre d'Hammourabi[80] . Ce dernier impose le respect des contrats, des prix justes, et des sanctions proportionnées, inscrivant l'échange et le « prix juste » au cœur du vivre-ensemble.

---

78 Mark, Joshua J, *Commerce dans l'Ancienne Mésopotamie*, Traduit par Babeth Étiève, Cartwright. World History Encyclopedia, 22 novembre 2022

79 Sara Henry Stites, *Economics of the Iroquois*, Lancaster, PA, The New Era Printing Company, pp. 82-83, 1905

80 V. Scheil, La loi de Hammourabi, Ernest Leroux, Paris, 1904, exporté de wikisource le 13 juin 2023

L'idée d'encadrer le commerce pour garantir une certaine équité n'est donc pas nouvelle. Réglementer l'échange et veiller au « prix juste » s'avèrent des préoccupations constantes à travers l'histoire, souvent légitimées par le pouvoir religieux ou les souverains.

4.1.2 Du Moyen âge au libéralisme économique

À partir du Moyen Âge, les marchands et artisans contestent les contraintes féodales et religieuses car ils cherchent à établir leur autonomie. Ils créent des guildes, véritables syndicats protégeant leurs intérêts et éditant codes de conduite et normes professionnelles pour renforcer la confiance des consommateurs. Cette dynamique favorise l'émergence de la bourgeoisie commerçante et prépare l'avènement du libéralisme.

Le libéralisme économique se structure entre le XVIIe et le XIXe siècle sous l'influence de penseurs comme Locke, Smith, Ricardo, puis Say et Bastiat. Il prône la liberté du commerce, la propriété privée, l'égalité des chances et la non-intervention de l'État, tout en acceptant les inégalités de résultat. Néanmoins, l'application stricte de ces principes conduit à des crises et accentue les inégalités, amenant progressivement à la naissance de mouvements correcteurs comme le socialisme et le progressisme.

Pendant que le commerce équitable se développe, le néolibéralisme développe ses instruments — la Banque Mondiale, le Fonds Monétaire International et le FEDeral Reserve System — et, au nom du redressement des économies de nombreux pays en développement, impose aux états qui font appel à leur aide, d'appliquer très strictement un ensemble de 10 mesures de dérégulation appelées consensus de Washington. Les bases conceptuelles de ce consensus apparaissent très fragiles si l'on en croit Steve Keen[81] qui considère qu'il repose sur des hypothèses irréalistes et des modèles mathématiques simplifiés qui ne représentent pas la complexité du monde.

Le bilan de vingt ans d'application de ce consensus a été dressé par Eric Berr et François Combarnous[82] en 2005 : « Les pays qui ont appliqué fidèlement les recommandations du consensus de Washington n'ont pas de meilleurs résultats que les autres en termes de croissance, de développement ou de réduction de la dette ». Par contre, cette orientation néolibérale « appauvrit les classes sociales défavorisées et permet aux classes aisées [...] de placer leur épargne à l'étranger ». En matière commerciale, la logique libérale a fait des ravages : « la déréglementation et l'ouverture totale des marchés ont surtout favorisé les multinationales ».

Aujourd'hui, le capitalisme réglementé et l'économie du développement durable cherchent à concilier efficacité économique et exigences sociales ou environnementales. Mais ces régulations peuvent être influencées, voire biaisées, par le lobbying de grandes entreprises. C'est le cas par exemple de la directive européenne sur la responsabilité des multinationales[83] publiée le 13 juin 2024. Le rapport[84] *Tirées d'affaire ? Le lobbying des*

---

81 Steve Keen, *L'imposture économique*, Les éditions ouvrières, Ivry sur Seine, 2014

82 Berr Éric,Combarnous François. *Vingt ans d'application du consensus de Washington à l'épreuve des faits*. In: *Économie appliquée*, tome 58 n°2, Juin 2005. pp. 5-44.

83 Journal officiel de l'Union européenne, *Directive (UE) 2024/1760 du Parlement européen et du Conseil du 13 juin 2024 sur le devoir des entreprises en matière de durabilité*, Journal Officiel de l'UE du 5 juillet 2024

84 Les amis de la Terre France, Friends of the Earth Europe, European Coalition for Corporate Justice, Corporate Europe Observatory, *Tirées d'affaire ? Le lobbying des multinationales contre une législation européenne sur le devoir de vigilance*, juin 2021.

multinationales contre une législation européenne sur le devoir de vigilance explicite les actions des lobbys et leurs résultats.

4.1.3 Activisme des consommateurs, racines et efforts

Le commerce équitable s'inscrit pleinement dans la lignée de l'activisme des consommateurs[85]. Dès 1773, le boycott de la Compagnie britannique des Indes Orientales pendant la Boston Tea Party marque un jalon fondateur. Suivent les campagnes abolitionnistes anglaises puis américaines[86] (promotion de produits « free produce » sans esclavage), témoignages précoces d'une volonté d'achat éthique, puis d'engagement en faveur d'un commerce juste.

4.1.4 Émergence du terme *Equitable Commerce* et des premières utopies

Josiah Warren[87], premier à employer le terme « équitable »[88] pour désigner des échanges fondés sur la valeur-temps, ouvre en 1827 à Cincinnati le premier « Time Store » où l'on paye en heures de travail. Parallèlement, à Lyon, Pierre Charnier[89] crée la société du Devoir mutuel en 1828, promouvant l'équité et l'entraide.

---

85 Lawrence B. Glickman, *Buying Power : a History of Consumer Activism in America*, Chicago, 2009.

86 K. Brown, *Consumer politics, political consumption and fair trade*. dans L. T. Raynolds & E. A. Bennett, eds., *The Handbook of Research on Fair Trade*, London : Edward Elgar, pp. 157-173, 2019

87 Didier Reynaud, *Josiah Warren le chaînon manquant de l'incroyable histoire du commerce équitable*, Fairtrade International Symposium, Milan, 1975

88 Josiah Warren, ***Equitable Commerce** : A New Development of Principles as Substitutes for Laws and Governments, for the Harmonious Adjustment*, Fowlers and Wells Publisher, New York, 1852,

Au même endroit, Derrion et Reynier fondent la première épicerie coopérative[90], modèle d'économie communautaire équitable.

Dans les années 1920, Edna Ewarda Gleason[91], surnommée « The mother of fair trade », lutte aux États-Unis pour préserver les commerçants indépendants face à la grande distribution, obtenant l'adoption de lois sur le « prix juste »[92], abrogées en 1975. Ici, le « commerce équitable » concerne principalement la défense du commerce local.

L'annexe 6 présente des éléments d'une chronologie du commerce équitable.

4.2 Mouvement moderne du commerce équitable

À partir des années 1940, de grandes organisations se créent pour lutter contre la pauvreté, souvent soutenues par des réseaux religieux. Le *Oxford Committee for Famine Relief* a été fondé en 1942 à Oxford par un groupe de citoyens engagés, comprenant des quakers, des universitaires d'Oxford et des militants sociaux[93]. Oxfam milite d'abord pour l'acheminement de vivres en Grèce, avant de devenir un acteur international majeur, notamment dans le domaine du commerce équitable. Aujourd'hui, la confédération Oxfam regroupe 21

89 Bernard Collonges, *Le quartier des Capucins.. Histoires du bas des Pentes de la Croix-Rousse*, Éditions Aléas, 2004

90 Denis Bayon, *Le commerce véridique et social de Michel-Marie Derrion,* Atelier de Création Libertaire, Lyon, 2002

91 Dina Gerdeman, *The 'Mother of Fair Trade' was an Unabashed Price Protectionist,* Working Knowledge, Harvard Business School, février 2016

92 https://en.wikipedia.org/wiki/Fair_trade_law

93 https://en.wikipedia.org/wiki/Oxfam

organisations nationales et travaille dans 85 pays avec 2 248 partenaires auprès de 15,5 millions de personnes[94].

Edna Ruth Byler[95], touchée par la pauvreté en Porto Rico, fonde dès 1946 aux États-Unis, avec le soutien du Comité central mennonite, une agence d'aide et de secours religieux, qui pose les bases de Self Help Crafts (puis Ten Thousand Villages).

La Church of the Brethren crée en 1949 SERRV (Sales Exchange for Refugee Rehabilitation and Vocation), aujourd'hui actif dans 24 pays.

Dans les pays du Sud, le commerce équitable répond autant à la logique de solidarité qu'à une dynamique d'auto-organisation économique. Au nord de l'Inde, Tara Projects[96], fondée en 1966 par le professeur Shyam S. Sharma, accompagne des artisans marginalisés et des femmes, lutte contre l'exploitation et le travail des enfants, promeut l'éducation et le développement local. En Afrique, la Kagera Co-operative Union, née en 1950, regroupe aujourd'hui 60 000 producteurs tanzaniens de café, organisés en 141 coopératives, investissant dans l'éducation et la transformation locale. Au Costa Rica, la CoopeAgri a vu le jour en 1962 pour sortir les caféiculteurs de la dépendance ; elle regroupe aujourd'hui 8 000 producteurs, diversifie ses activités, et investit dans le développement local via une dynamique coopérative.

4.2.1 Développement et structuration du commerce équitable en Europe

Dès les années 1960-1970, des associations et boutiques « Tiers Monde » apparaissent en Europe (Intermón, Public Eye, Claro, Artisans du Monde, etc.). Ces mouvements oscillent entre caritatif et militantisme

94 https://www.oxfam.org/fr
95 https://www.tenthousandvillages.com/pages/history
96 http://taraprojects.com/

politique, privilégiant de plus en plus la solidarité à la charité, conformément à l'illustre appel « Trade not Aid » (Du commerce pas de la charité) lors de la conférence de la CNUCED (Conférence des Nations Unies sur le Commerce et le Développement) à Genève. Les boutiques se multiplient, et le secteur se professionnalise, avec la naissance de structures d'importation spécialisées (Solidar'Monde, GEPA...).

Cette période est marquée par d'importants débats entre militants tiers-mondistes, partisans d'une réforme radicale d'une part et acteurs venus du monde caritatif, parfois issus des Églises. Les différences persistent sur plusieurs points : modes de vente (circuit spécialisé ou grande distribution), critères de certification, et conditions de production.

4.2.2 Organisations pionnières du Sud

Des partenariats se forgent entre acteurs du Nord et groupes de producteurs du Sud. « Corr The Jute Works », au Bangladesh, accompagne les artisanes rurales depuis 1973 avec l'appui d'Oxfam et d'organisations religieuses. Au Népal, l'« Association for Craft Producers », créée en 1984, soutient l'autonomisation économique des femmes dans 8 districts, tandis que Bombolulu Workshop au Kenya offre travail et formation aux personnes en situation de handicap depuis 1969.

L'arrivée des produits alimentaires équitables dans les années 1980 révolutionne le secteur, sous l'impulsion de l'UCIRI au Mexique, regroupant aujourd'hui 2 600 producteurs de café issus de différentes ethnies. L'UCIRI a joué un rôle clé dans la naissance du label Max Havelaar.

Des entreprises comme Malongo et des coopératives comme ETHIQUABLE en France s'engagent durablement dans le commerce équitable, développant labels et certifications (Max Havelaar, Bio Équitable en France), et intégrant les producteurs locaux à leur démarche.

4.3 Religions et commerce équitable

Catholicisme et protestantisme ont largement soutenu le mouvement du commerce équitable, souvent à travers des réseaux d'associations et de consommation responsable. Mais l'ensemble des grandes religions incite à la justice, la solidarité, l'honnêteté commerciale :

- L'orthodoxie encourage une économie solidaire via des codes éthiques.
- L'islam promeut la justice sociale et la transparence, même si les acteurs du secteur restent moins visibles. Certaines coopératives ou entreprises, comme la Palestinian Fair Trade Association — dont l'huile d'olive est certifiée Fairtrade — s'inscrivent explicitement dans la filière du commerce équitable.
- Le judaïsme fait de la Tzedakah (justice/charité) une valeur centrale, inscrivant honnêteté et solidarité au cœur des transactions.
- Le bouddhisme inclut le « juste moyen d'existence » dans son code moral, favorisant les initiatives agricoles et artisanales communautaires, souvent équitables.

Toutes les grandes traditions religieuses rejoignent sur le fond les principes du commerce équitable. Si seules les Églises catholique et protestantes ont encadré la structuration internationale du mouvement, c'est peut-être dû à la forte implication des états où ces religions sont implantées dans le colonialisme. Nous reviendrons sur ce point.

5 Labels et organisations qui les portent

Le premier label apposé (d'abord de façon informelle) sur un produit est « made in Germany », en 1887 au Royaume Uni pour inciter les consommateurs britanniques à acheter des produits originaires du Commonwealth plutôt que des produits allemands. Après un léger fléchissement des ventes, ce premier label a eu l'effet inverse à celui attendu, car les consommateurs britanniques appréciaient particulièrement la qualité des produits allemands[97]. Depuis, de nombreuses marques distinctives sont apposées sur les produits. Certaines sont réglementées, comme le label rouge en France ou les labels bio, d'autres sont des labels privés.

L'idée d'apposer une marque de reconnaissance sur un produit, en plus de sa marque propre, vise à indiquer au consommateur une qualité particulière dont ce produit serait porteur et qui le distingue des produits similaires. Ainsi, les AOC (Appellation d'Origine Contrôlée) ou AOP (Appellation d'Origine Protégée) signalent l'origine géographique d'un produit alimentaire et le respect d'un cahier des charges pour l'élaboration de ce produit. Les labels Bio signalent des produits d'origine agricole cultivés et commercialisés dans le respect d'un cahier des charges interdisant l'usage des OGM (organismes génétiquement modifiés) et de certains produits phytosanitaires lors de leur culture et de leur conservation. Les marques de reconnaissance citées ci-dessus font toutes l'objet d'une réglementation nationale ou européenne.

Les labels sont des marques volontaires qui correspondent à une déclaration concernant le produit.

97 S. A. Marin, L'apprentissage de la mondialisation. Les milieux économiques allemands face à la réussite américaine (1876-1914), P.I.E.Peter Lang, Bruxelles, 2012

Dans le domaine environnemental, il existe plusieurs types de déclarations, selon qu'elles sont ou non encadrées par une norme et qu'elle s'appuie ou non sur un référentiel contrôlé par une tierce partie (le contrôleur est indépendant de l'entreprise). Nous nous appuyons sur la même distinction pour les labels de commerce équitable qui contiennent également des exigences environnementales.

Mettre une marque distinctive sur les produits du commerce équitable apparaît en 1988 aux Pays-Bas avec le mouvement Fairtrade/Max Havelaar. L'idée était de permettre au consommateur de reconnaître les produits qui correspondent à ses choix éthiques en termes économiques, sociaux et environnementaux.

De façon générale, les labels de commerce équitable reconnus comme tels, sont définis par un référentiel (ou cahier des charges) qui en précise les attendus. Le respect de ceux-ci est vérifié par une tierce partie indépendante (un organisme de certification). La validation permet alors d'appliquer un signe distinctif sur les produits concernés.

Pour bien comprendre le processus de labellisation, on peut prendre l'exemple du label Biopartenaire qui s'applique aussi bien au commerce équitable au Nord qu'au Sud. Il est porté par l'association Biopartenaire. Ce label s'appuie sur le référentiel FIABLE (Filières attestées biologiques, loyales et équitables) pour les filières françaises et Fair For Life pour les filières internationales[98].

Ce référentiel prévoit :

- Une rémunération qui couvre les frais de production augmentée d'une marge permettant une vie « digne ».

98 https://www.biopartenaire.com/fr/le-label/

- Des prix et volumes d'achat contractualisés pour 3 ans minimum. En cas d'aléa climatique, l'acheteur en amortit l'impact (report de volume, etc.).
- Un soutien aux projets d'actions et d'investissements en fonction des besoins collectifs des producteurs.
- Des contrats et conditions de travail respectent des exigences économiques, sociales, sanitaires et de sécurité. Les exigences sont fortes en ce qui concerne l'agroécologie.
- L'assurance que seuls les magasins spécialisés bio distribuent les produits labellisés.

Le contrôle du respect du référentiel est effectué chaque année par un organisme indépendant pour tous les acteurs impliqués.

Le label Biopartenaire couvre à la fois des produits « origine France » tels que les laits (vaches, chèvres, brebis), les lentilles ou la farine de blé tendre ... et des produits en provenance de pays du Sud tels que le cacao, les épices, les raisins secs ... ainsi que des produits transformés contenant au moins 50 % d'ingrédients labellisés.

On a donc trois acteurs indépendants dans le processus de certification : l'association Biopartenaire qui définit le cahier des charges du label, l'organisme de vérification et le producteur qui souhaite obtenir la certification.

Toutes les organisations de commerce équitable ont en commun la lutte contre la pauvreté, le respect de l'environnement et la lutte pour plus d'égalité entre les femmes et les hommes. Toutes imposent à leurs membres le respect des règles de l'Organisation Internationale du Travail. Toutes prévoient une prime complémentaire au prix du produit, payée par le premier acheteur. Dont l'affectation à des projets collectifs est toujours décidée collectivement. Toutes affirment vouloir changer les règles

du commerce, en particulier international, pour permettre à chacun de vivre dignement de son travail, incluant la retraite, le congé de maternité, la sécurité sociale ... Toutes mettent en avant l'importance de l'éducation pour réussir cela. Toutes plaident pour ce type de commerce auprès des décideurs.
Mais, le commerce équitable n'est pas uniforme et des différences importantes existent entre les différents courants qui le composent. Ces différences se retrouvent dans la définition des labels de commerce équitable.
Ceux qui sont reconnus en France par Commerce Équitable France, association réunissant des acteurs français du commerce équitable sont :

- Label uniquement Sud-Nord : le label SPP (Symbole des Producteurs Paysans).
- Labels uniquement origine France : Agri-éthique France et Bio équitable en France.
- Labels Sud-Nord et origine France : Fairtrade Max Havelaar, World Fair Trade Organisation, Tourisme Équitable, Biopartenaire, Fair for Life.

Parmi les différents labels de commerce équitable, on peut distinguer deux grandes catégories : les labels "produit" et les labels "filière".

5.1 Labels produits

Ils garantissent que le produit a été élaboré en respectant un cahier des charges spécifique. Ces labels ne s'intéressent qu'à la première partie du processus de commercialisation et c'est le producteur (ou son organisation) qui doit respecter le cahier des charges. Pour avoir le droit d'apposer le signe distinctif sur le produit, l'acheteur doit payer au moins le prix minimum (quand il existe) augmenté d'une prime destinée à l'organisation de producteurs. L'utilisation de cette prime est décidée collectivement par les producteurs eux-mêmes.

Le principal label de ce type est le label délivré par Fairtrade International (FTI).

5.1.1 Label Fairtrade et Fairtrade International

En 1988, Franz van der Hoff l'un des fondateurs de la coopérative UCIRI, avec Nico Rozen, économiste néerlandais responsable du développement à l'agence de développement œcuménique Solidaridad, créent le premier logo de commerce équitable, Max Havelaar[99]. Le café porteur de ce logo, produit par UCIRI, est payé au dessus du prix de marché en contrepartie d'un fonctionnement respectant des normes sociales et environnementales. Il est importé, torréfié et commercialisé aux Pays-Bas.

C'est à cette période que commence le déclin progressif de l'importation des produits artisanaux au profit des produits alimentaires et que l'essentiel de ces produits est commercialisé dans la grande et moyenne distribution plutôt que dans les boutiques spécialisées.

Le succès de cette initiative en suscite d'autres en Europe et en Amérique du Nord sous différents noms (Max Havelaar, Fairtrade Mark, Transfair, etc.). Ainsi, en 1992 est créé Max Havelaar France à l'initiative de CICDA (devenu Agronomes et vétérinaires sans frontières), Peuples Solidaires (devenu Action Aid France) et Ingénieurs Sans Frontières.

En 1997, des acteurs du commerce équitable labellisé se regroupent pour créer Fairtrade International (FTI), fédération mondiale autour du label Fairtrade. FTI veille à l'application de standards communs : prix équitable, interdiction du travail des enfants, respect de l'environnement, liberté syndicale. Pour renforcer la

99 Max Havelaar est le titre d'un roman publié aux Pays-Bas vers 1860 qui décrit les conditions de vie des paysans dans les Indes Néerlandaises.

crédibilité du système de labellisation, Fairtrade International a créé FLO-Cert en janvier 2004 : FTI est chargée de l'établissement des standards du commerce équitable, de l'assistance aux producteurs et de la gestion de la marque, tandis que FLO-Cert est un organisme indépendant d'inspection et de certification des producteurs et importateurs.

Depuis 2020, Max Havelaar France certifie également du blé et du lait d'origine France.

FTI regroupe 1 880 organisations, soit 1 951 163 travailleurs et de producteurs dans 73 pays, qui génèrent un chiffre d'affaires de 10,7 milliards d'euros[100].

Fairtrade International est géré à parité par des ONG nationales (Max Havelaar France par exemple) et trois réseaux de producteurs (Amérique Latine, Asie, Afrique). Fairtrade International développe les cahiers des charges et évalue l'impact des actions de l'ONG, les réseaux de producteurs représentent et accompagnent les organisations de producteurs et les ONG nationales gèrent le label (résultat de la certification) et mènent des actions de sensibilisation et de mobilisation en faveur du commerce équitable. C'est de très loin l'organisation de commerce équitable qui représente le plus important chiffre d'affaires en France et dans le monde. Son travail repose sur la certification des produits (essentiellement agricoles) par Fairtrade International. Pour chaque classe de produit (café, bananes ...), il produit un cahier des charges qui doit être respecté par les producteurs. Ce cahier des charges pose des obligations pour ce qui concerne la gouvernance, la transparence, les conditions sociales et le respect de l'environnement par les groupements de producteurs. Le respect de ces obligations est contrôlé par des audits externes réguliers. Un logo est

100 https://maxhavelaarfrance.org/

apposé sur les produits pour indiquer qu'ils répondent au cahier des charges.

En contrepartie du respect de ces obligations, un prix minimum d'achat est fixé (supérieur au prix de marché) qui protège de la volatilité des cours internationaux des matières premières et une prime destinée à une utilisation collective (amélioration des conditions de travail, soutien social, etc) est versée par l'acheteur.

Pour le café, le cacao, le sucre de canne et le coton, FTI n'accepte de certifier que des petits producteurs. Pour les autres produits, elle peut certifier des plantations et des producteurs sous contrat. Ceci représente une dérogation aux principes du commerce équitable puisqu'il n'y a pas une organisation démocratique des producteurs.

En ce qui concerne les produits élaborés, le logo n'est apposé que si tous les ingrédients qui peuvent être équitables le sont. Toutefois, pour permettre d'augmenter le volume de produits équitables mis sur le marché, un logo « ingrédient » a été créé pour le cacao et le thé.

Ainsi FTI propose plusieurs labels :

- Si tous les ingrédients qui peuvent être équitables le sont, le produit est labellisé avec apposition d'un logo à fond noir similaire à celui des produits à un seul composant.
- Si certains ingrédients sont équitables et d'autres pas alors qu'il existe des composants équitables correspondant, la marque apposée sur le produit a un fond blanc et indique quel est le composant équitable. Ainsi, un chocolat dont le cacao serait équitable mais pas le sucre pourrait être porteur de ce label.

Ce dernier cas marque une évolution par rapport aux standards classiques du commerce équitable qui indiquent que tout ce qui peut être équitable doit l'être. FTI justifie cette évolution par l'augmentation de la quantité de produits équitables qui pourraient ainsi être commercialisés au bénéfice des producteurs.

5.1.2 Fairtrade USA et label Fair Trade Certified

En 1998 naît aux USA, Trans Fair USA qui rejoint Fairtrade International en 2010 devenant Fair Trade USA. Dès 2011, Fair Trade USA quitte Fairtrade International. Ce départ est le résultat d'une approche différente du commerce équitable : Fairtrade International n'autorise pas la certification du café produit dans des plantations (contrairement aux bananes, thé, vin et fleur) pour protéger les petites exploitations et garantir leur accès au marché. Au contraire, Fair Trade USA le souhaite pour étendre les bénéfices du commerce équitable à davantage de travailleurs agricoles[101].

Fair Trade USA collabore en amont avec des agriculteurs mais aussi des usines et des pêcheries, parfois de très grande taille. En aval, ses partenaires sont de grands revendeurs et marques qui ne sont pas toujours exclusivement équitables, tels Dole Food Company ou Amazon. Elle estime que tous les travailleurs doivent pouvoir participer au commerce équitable y compris les travailleurs de grandes exploitations et les agriculteurs non organisés en coopérative[102]. Le système de certification de Fair Trade USA s'applique aussi bien pour les travailleurs du Sud que pour ceux du Nord. Il repose sur quatre standards[103] : le premier concerne l'agriculture, le deuxième la pêche, le troisième les usines et le quatrième le commerce.

---

101 Laura T. Raynolds , Douglas L. Murray, *Fair Trade USA's Split from FLO: Issues and Implications*, Center for Fair & Alternative Trade, 24 octobre 2011

102 https://www.fairtradecertified.org/about-us/

103 https://partner.fairtradecertified.org/program-resources/

Fair Trade USA promeut donc une définition très extensive du commerce équitable. Le label Fair Trade Certified couvre à ce jour plus de 1 500 entreprises dans le monde. Peuvent être certifiés aussi bien le café que des produits de la mer, des produits laitiers américains, ou des vêtements, des meubles et d'autres catégories de produits pour la maison.

Fair Trade USA fait des efforts importants pour certifier le plus possible de catégories de produits en affirmant : « Nous sommes impatients de garantir que toutes les catégories de biens de consommation respectent les normes appropriées du commerce équitable – cela permet une meilleure expérience d'achat et une planète plus durable ![104] » Cette position est cohérente avec l'idée que le commerce équitable vise à transformer le commerce dans son entier. Mais, bien évidemment, cela ne doit pas se faire au prix d'un affaiblissement des standards de ce commerce.

L'approche de Fairtrade, comme celle de Fair Trade USA, engendre une profonde dissymétrie entre producteurs (essentiellement du Sud) et transformateurs et commerçants du Nord. En effet, un producteur de café équitable, par exemple, doit respecter des normes strictes au niveau social (démocratie, rémunération, conditions de travail, etc.) mais le torréfacteur et le distributeur ne sont pas soumis à ces obligations. Ainsi des entreprises comme Nestlé, Starbucks et les grands détaillants par exemple, qui sortent du champ de la certification et dont l'impact environnemental et social est sans commune mesure avec celui des petits producteurs, profitent de l'image positive des produits certifiés équitables. Cette dissymétrie conduit des auteurs comme Ian Hussey et Joe Curnow[105] à

---

104 https://www.fairtradecertified.org/what-we-do/what-we-certify/

105 Ian Hussey and Joe Curnow | Journal: Issues | NeoColonial Politics of Sustainability [13] | Avril 2016

identifier le système de certification FTI comme un « projet développementaliste néocolonial ».

5.1.3 CLAC et label petit producteur SPP

La CLAC (Coordonnateur latino-américain et caribéen des petits producteurs et des travailleurs du commerce équitable) est créée en 2004 à partir de la CLA (Coordinateur du Café en Amérique Latine), du PAUAL (Petits Apiculteurs Unis d'Amérique latine), du RED Banano et du RED Sugar of Fair Trade[106].

C'est l'organisation du système Fairtrade International qui représente les organisations de 24 pays d'Amérique Latine et des Antilles[107].

La CLAC a son siège au Salvador, mais elle dispose d'une équipe opérationnelle au Mexique pour traiter des questions liées au respect des règles du commerce équitable. À cette fin, la CLAC fournit une série de services aux organisations certifiées, y compris des ateliers et des formations sur les normes du commerce équitable, la production durable, les droits de l'homme et les axes transversaux, ainsi que l'élaboration de projets de coopération et la mobilisation des ressources.

Le label SPP (Symbole des Producteurs Paysans), créé par la CLAC est un système de certification qui appartient aux producteurs membres de SPP. Les normes et le fonctionnement du label sont définis par ces producteurs[108], mais la certification est réalisée par des organismes tiers indépendants, garantissant l'impartialité du processus. Le label a l'ambition de garantir au consommateur que les produits sont issus de *véritables organisations démocratiques et autogérées de petits producteurs*, produits selon des critères de durabilité

106 https://comerciojustomx.org/comercio-justo

107 https://web-dev.clac-comerciojusto.org/

108 SPP France, *Fiche pratique pour les entreprises*, 2019

économique, sociale, culturelle et écologique, et commercialisés dans des conditions équitables. Il se distingue du label FTI par les éléments suivants : pour obtenir ce label, l'organisation ne doit concerner que des petits producteurs en agriculture biologiques - ainsi, 85 % des membres d'une coopérative doivent cultiver moins de 15 ha - ; de plus, il impose que le premier acheteur paye aux producteurs, un prix plus élevé ; enfin, il est géré exclusivement par les producteurs membres de la CLAC. C'est un label qui concerne uniquement le commerce du Sud vers le Nord.

5.1.4 Label Agri-éthique

La coopérative CAVAC, est née en 1965 en Vendée, dans les Deux-Sèvres et les cantons limitrophes. Le label Agri-éthique[109] a été créé en 2013, dans une période de trouble et d'instabilité agro-économique. Il concerne d'abord la filière blé-farine-pain en impliquant des cultivateurs mais aussi des meuniers et des boulangers. Il implique donc tout l'amont de la filière à l'exception de la grande distribution.

Depuis janvier 2017, le contrôle est fait par un organisme tiers indépendant.

Ce label certifie aujourd'hui 57 filières autour du blé, du blé noir, de l'orge, du seigle, du lait, des légumineuses, de la viande de porc, des fruits, du miel et du sel. Ce sont 1 858 exploitations agricoles, 21 collectifs de producteurs, 49 industriels partenaires qui représentent 70 % des ventes de produits issus du commerce équitable « Origine France ».

---

109 https://www.agriethique.fr/le-label/

5.2 Labels filière

Les labels filière ont la volonté de rendre équitable l'ensemble de la filière de production et de distribution d'un produit.

Le label Biopartenaire déjà cité, est un label filière puisque seuls les magasins labellisés peuvent distribuer ses produits. Il s'appuie sur le référentiel FIABLE (Filières Attestées Biologiques, Loyales et Équitables) créé par le Synadis BIO (Syndicat national des distributeurs spécialisés de produits biologiques, diététiques et compléments alimentaires).

5.2.1 WFTO et son label

La Fédération Internationale des Commerçants Alternatifs (IFAT) qui deviendra la WFTO (World Fair Trade Organisation) est créée en 1989. Elle regroupe 355 entreprises de commerce équitable (producteurs, exportateurs, importateurs, transformateurs, distributeurs, détaillants, organisations de soutien). Depuis 2004, elle a développé son propre label. La certification de WFTO ne s'appuie pas sur des cahiers des charges par produit, mais sur les dix principes de WFTO[110] déclinés sous forme de critères de conformité assortis éventuellement de conditions d'exigibilité (obligatoire, obligatoire après 2 ans, amélioration continue) et de domaine d'application (par exemple organisations employant des travailleurs à domicile). Ainsi, par exemple le principe n°7 *Assurer de bonnes conditions de travail* se détaille en 9 critères de conformité[111].

Cette démarche permet de certifier un champ très large d'organisations. En particulier, il permet de certifier les organisations d'artisans et les distributeurs de commerce

110 WFTO, *The WFTO Fair Trade Standard*, 2023
111 Ibid. p. 28

équitables permettant ainsi la création de véritables filières équitables. Cette certification est toutefois réservée à des petits producteurs organisés de façon démocratique.

Une particularité de ce label est qu'il s'appuie sur une alternance entre auto-évaluation (c'est l'entreprise elle-même qui analyse ses pratiques), contrôle par un pair (un représentant d'une entreprise similaire analyse et vérifie ce qui est dit dans l'auto-évaluation) et contrôle par une tierce-partie indépendante. De ce fait, les évaluations externes, qui sont coûteuses reviennent moins fréquemment sans dégrader la qualité de la certification.

Une autre spécificité de ce label est de certifier des réseaux de distributeurs permettant de cette façon la certification de l'ensemble d'une filière. Ainsi, en France, le réseau de boutiques Artisans du monde est certifié ainsi que l'importateur essentiel de ce réseau (Solidar'Monde) et les producteurs à qui sont achetés les produits.

Par conséquent, Artisans du Monde est une véritable filière de commerce équitable puisqu'au delà des organisations de producteurs, la société d'importation du réseau (Solidar'Monde) et les boutiques des associations locales Artisans du Monde (une centaine de magasins répartis sur le territoire français) affichent le logo WFTO qui atteste qu'elles fonctionnent bien selon les principes du commerce équitable.

De plus, WFTO reconnaît un certain nombre de labels d'autres organisations et allège les audits pour les organisations déjà certifiées par un autre système de labellisation.

5.2.2 Label Fair for Life

Ce label a été créé en 2006 par la Swiss Bio Foundation et a été repris par le groupe Ecocert en 2014. Il concerne aussi bien le commerce Sud-Nord que le commerce Nord-Nord dans 70 pays. Fair for Life se définit de la manière suivante[112] : « Depuis sa création, Fair for Life fait de l'engagement l'une de ses valeurs fondamentales. Pour nous, ce dernier n'a de sens que s'il est profond, c'est-à-dire s'il s'inscrit dans la durée, qu'il implique tous les acteurs de la chaîne et qu'il est motivé par des principes résolument humains. ».

Le label Fair for Life concerne une filière complète : « Chez Fair for Life, nous considérons que l'engagement n'a de sens que s'il est pleinement partagé par l'ensemble des acteurs qui officient au sein des chaînes de valeurs. C'est pourquoi nos programmes s'appliquent aux filières pour lesquelles l'intégralité des opérateurs, de la production à la commercialisation, a fait le choix de s'impliquer ».

Comme tous les labels cités ici, ce label s'appuie sur un organisme de certification indépendant avec un cahier des charges construit sur des normes internationales, conventions de l'OIT, critères sociaux de l'IFOAM (International Federation of Organic Agriculture Movements), etc.

5.2.3 Un label national : Comercio Justo Mexico

Le commerce équitable au Mexique s'est développé autour de l'appui aux petits producteurs, en particulier dans les secteurs du café, du miel, du jus d'orange, du maïs, du mezcal, du chocolat et d'autres produits agricoles et artisanaux. Le pays est notamment reconnu comme le premier exportateur mondial de café certifié équitable et biologique.

Historiquement, le commerce équitable au Mexique a été fortement lié à l'exportation vers les marchés du Nord, permettant aux consommateurs européens et

112 https://www.fairforlife.org/

nord-américains de soutenir les producteurs marginalisés du Sud.

Au cours des années 1980-1990, le commerce équitable international ne suffisait plus à absorber les volumes de production des organisations de producteurs de café à des prix équitables. La notion de commerce équitable mexicain a émergé alors pour avoir un prix comparable sur le marché intérieur. Cela est rendu possible car les consommateurs urbains des classes moyennes commencent à s'intéresser aux produits biologiques et au café de qualité[113]. En 1998 se constitue un comité de travail avec des producteurs de café mais aussi d'autres groupes de producteurs. Ce comité définit la mission principale de l'association Comercio Justo México qui doit « promouvoir une distribution massive de produits des petits producteurs mexicains, à travers des relations et des systèmes de commercialisation qui récompensent le travail et reconnaissent la dignité de ces producteurs, de leurs communautés et de leurs organisations, dans une relation solidaire avec les consommateurs[114] ». L'association est créée officiellement en 1999.

Outre les producteurs, l'association regroupe des organisations impliquées dans la défense des droits humains et des organisations et fondations de soutien aux petits producteurs. Elle a défini le premier système régional de certification, adapté aux spécificités sociales, économiques et culturelles du pays. Ce label mexicain se concentre exclusivement sur les organisations de petits producteurs, excluant les salariés de plantations afin d'inscrire le commerce équitable dans une logique

---

113 Pierre William Johnson, *Le commerce équitable au Mexique : labels et stratégies*, Rapport remis à la Délégation Interministérielle à l'Innovation Sociale et à l'Économie Sociale, 2004

114 Ibid. p. 36

d'économie sociale et solidaire, même si cela peut limiter son expansion.

Le système de certification repose sur trois acteurs principaux[115] :

- Comercio Justo México A.C. qui élabore les normes et promeut le commerce équitable
- Certimex S.C., agence de certification biologique et de commerce équitable, indépendante des producteurs et de leurs fédérations
- Agromercados S.A., entreprise de transformation et de commercialisation des produits qui gère des marques collectives comme le café Fertil.

Ce label s'appuie sur trois normes générales complétées par des règlements spécifiques aux produits.

Les trois normes générales sont :

- La norme Générale de Commerce Équitable qui définit les principes du commerce équitable des petits producteurs pour le marché national
- La norme pour la commercialisation qui concerne principalement Agromergados. Cette norme vise essentiellement à garantir que la commercialisation reste entre les mains des organisations de producteurs
- La norme pour les points de vente certifiés qui vise à garantir la transparence, l'information du consommateur, la traçabilité des produits, et le respect des principes du commerce équitable jusqu'au consommateur final.

Une des caractéristique originale de ce label est de mentionner la notion de qualité intégrale du produit et d'intégrer le rôle du consommateur.

Par qualité intégrale, Comercio Justo México entend :

---

115 Ana Isabel Otero, *El comercio justo como innovación social y económica ::el caso de México*, La Chronique des Amériques, N°35, octobre 2006

- Qualité intrinsèque du produit (qualité physique)
- Présentation
- Service au client
- Garantie pour la santé du consommateur et du producteur
- Préservation de l'environnement
- Rémunération équitable du travail
- Développement communautaire durable et équitable
- Participation démocratique et transparence administrative

D'autres initiatives nationales existent dans différents pays afin de créer un commerce équitable local. C'est par exemple le cas du Brésil[116].

5.3 Autres labels

À côté des labels de commerce équitables proprement dits, il existe de nombreux labels proches, en particulier les labels de développement durable. De plus, les grandes marques traditionnelles, en réaction à ces labels, affichent également des marques pour indiquer ce qu'elles prétendent faire dans le domaine social et pour la préservation de l'environnement.

5.3.1 Labels de développement durable

L'apparition du concept de développement durable a engendré l'apparition de labels certifiant que le produit labellisé a été produit en respectant les critères de ce développement durable.

Parmi ces labels, on trouve le label Rainforest Alliance qui a fusionné avec UTZ en 2018. Rainforest Alliance, porteuse de ce label, est une organisation à but non lucratif

116 Sarah Lagente, *Panorama du commerce équitable au Brésil*, CIRAD – UNICAMP – CENDOTEC, 2005

fondée en 1986 et immatriculée aux États-Unis. Elle a des objectifs proches de ceux du commerce équitable puisqu'elle s'appuie également sur les trois piliers du développement durable : social, environnemental et économique. Toutefois, le commerce équitable agit en priorité sur la lutte contre la pauvreté des producteurs et l'obtention d'une rémunération permettant une vie décente. Rainforest Alliance se focalise plutôt sur le climat, la protection des forêts et de la biodiversité, mais aussi sur la prospérité des communautés rurales et le respect des droits de l'homme[117]. Ces critères sont vérifiés par des auditeurs indépendants. Ces labels se distinguent des labels de commerce équitable car ils n'ont pas d'exigences concernant le prix minimum, l'accès au préfinancement, le versement de primes pour des projets collectifs, l'engagement à long terme des acheteurs ni le caractère démocratique des organisations[118].

5.3.2 Labels des marques traditionnelles

Le succès commercial du commerce équitable a conduit de nombreuses marques à apposer leur propre marque distinctive sur leurs produits. On peut citer le programme Cocoa Life chez Mondelez, Cocoa Plan chez Nestlé, les pratiques CAFE Practices chez Starbucks, etc.

A l'exception de CAFE Practices, les normes qui guident ces programmes ne sont pas disponibles en ligne. On peut noter toutefois que Cocoa Life comme le plan cacao de Nestlé mettent l'accent sur le travail des enfants, l'émancipation des femmes et le changement climatique[119] [120].

---

117 https://www.rainforest-alliance.org/fr/

118 Commerce Équitable France, *Guide international des labels de commerce équitable*, p 113 à 115

119 https://fr.cocoalife.org/le-programme/approche/

120 https://www.nestlecocoaplan.com/fr

Si l'on en croit le guide international des labels de commerce équitable[121], « ces initiatives ne remplissent pas les engagements clés du commerce équitable », à savoir l'engagement à long terme de l'acheteur, le préfinancement des commandes, l'assurance d'un prix qui couvre les frais de production et les primes supplémentaires pour des projets collectifs.

5.4 Initiatives éthiques qui ne sont pas des labels

Dans le même domaine de l'affichage de pratiques éthiques, on trouve d'autres initiatives. Nous présentons à titre d'exemples la fondation Fair Wear Foundation et la marque *C'est qui le patron ?* Mais il en existe d'autres (AMAP, Poiscaille, La ruche qui dit oui, etc.).

5.4.1 Fair Wear Foundation

Clean Clothes Campaign (Campagne vêtements propres) est un réseau international, fondé en 1989 aux Pays-Bas. Elle regroupe des syndicats, des ONG et des organisations de défense des droits humains. Son objectif principal est d'améliorer le respect des droits de l'homme et les conditions de travail dans l'industrie de l'habillement et du textile, en particulier dans les pays du Sud. Sa branche française est le collectif Éthique sur l'étiquette qui a été fondé en 1995 et regroupe comme membres actifs les syndicats CFDT, FSU, et Union Syndicale Solidaire, les associations humanitaires et de solidarité internationale Artisans du Monde, Ligue des Droits de l'Homme, Oxfam France, Actionaid, Terre des Hommes et Solidarité Laïque, les associations de consommateurs INDECOSA CGT et Association Léo

121 Commerce Équitable France, *Guide international des labels de commerce équitable*, op.cit

Lagrange pour la défense des consommateurs, enfin les associations Fédération Sportive et Gymnique du Travail, Jeunesse Ouvrière Chrétienne, Ritimo (Réseau d'information et de documentation solidarité et développement durable) et UFOLEP (secteur plein air et sports de la Ligue de l'Enseignement).

La Fair Wear Foundation a vu le jour en 1999, à l'initiative de la Clean Clothes Campaign et de la FNV (Federatie Nederlandse Vakbeweging), principale fédération syndicale néerlandaise. C'est une organisation à but non lucratif qui collabore avec des marques, des usines, des syndicats, des ONG et parfois des gouvernements pour contrôler et améliorer les conditions de travail des travailleurs du vêtement prioritairement dans 10 pays de production en Asie, en Europe et en Afrique (le Bangladesh, la Bulgarie, l'Inde, l'Indonésie, la Macédoine du Nord, le Myanmar, la Roumanie, la Tunisie, la Turquie et le Vietnam)[122].

La collaboration de Fair Wear avec les marques s'appuie sur huit normes du travail dérivées des conventions de l'OIT :

1. Pas de recours au travail forcé (conventions 29 et 105 de l'OIT)
2. Liberté d'association et droit de négociation collective (conventions 87, 98 et 135 de l'OIT et recommandation 143)
3. Pas de discrimination dans l'emploi (race, couleur, sexe, religion, appartenance syndicale, affiliation politique, nationalité, origine sociale, déficiences ou handicaps). (conventions 100 et 111 de l'OIT)
4. Pas d'exploitation du travail des enfants (conventions 138 et 182 de l'OIT)
5. Paiement du salaire vital (conventions 26 et 131 de l'OIT)

122 https://www.fairwear.org/programmes/countries

6. Temps de travail raisonnable (convention 1 de l'OIT)
7. Conditions de travail sûres et saines (convention 155 de l'OIT)
8. Relations de travail juridiquement contraintes.

La Fair Wear Foundation ne délivre pas de label mais réalise des audits réguliers et encourage les marques à afficher le logo Fair Wear pour marquer leur engagement.

5.4.2 C'est qui le patron ?

C'est en 2016 que naît la marque alimentaire « C'est qui le patron ? » (CQLP) à l'initiative de Martial Darbon, producteur de lait, Emmanuel Vasseneix, directeur de la Laiterie de Saint-Denis-de-l'hôtel, Nicolas Chabanne et Laurent Pasquier, initiateurs de la marque[123].

En janvier 2017 est créée la SCIC (Société Coopérative d'Intérêt Collectif) « La société des Consommateurs » qui définit les grandes orientations de la marque. La marque CQLP est présente aussi en Belgique depuis 2017, puis depuis 2018 en Italie et en Allemagne. En 2019, elle est créée au Maroc et en Grand Bretagne, puis en 2020 aux Pays-Bas.

Le premier produit de la marque a été le lait en briques. Aujourd'hui, la marque distribue : laits, lait bio, beurres, beurres bio, crème UHT, fromage blanc, yaourts, œufs bio, œufs de plein air, jus de pomme, purées de pommes, pommes de terre, concassé de tomates, farine, chocolats en tablettes, miels, steaks hachés surgelés.

La démarche consiste, après avoir choisi un produit, à définir son cahier des charges à partir d'une liste de critères, ce qui définit son prix de vente conseillé. Cette définition se fait en consultant les consommateurs. Cette démarche de formation du prix est originale et s'oppose au mécanisme classique de la loi de l'offre et de la demande.

123 https://cestquilepatron.com/lhistoire-de-la-demarche/

Les producteurs sélectionnés sont rémunérés à un niveau qui leur permet de vivre et d'investir dans leur exploitation avec un contrat de 3 ans. La redevance de marque versée par les producteurs à « C'est qui le Patron » est évidemment utilisée pour payer les charges des différentes structures. Le surplus permet de prêter à taux zéro aux producteurs ou peut être reversé aux organisations de producteurs.

La marque est un véritable succès commercial puisque la brique de lait de cette marque a été la plus vendue en 2021 et 2022 et qu'en janvier 2022, les beurres bio sont en tête des ventes.

5.5 Conclusion sur les labels

Faut-il apposer un label sur les produits et lequel ?

Quand il s'agit d'un commerçant bien connu du consommateur, celui-ci n'a pas besoin d'un label pour faire confiance. C'est souvent le cas des produits en circuit court, qu'ils soient vendus en AMAP ou en magasins de producteurs.

C'est toutefois une question importante pour les producteurs qui ne vendent pas seulement localement : le coût d'une certification permettant d'obtenir un label est supporté essentiellement par les producteurs mais l'apposition d'un label peut permettre une augmentation des intentions d'achat.

L'étude de Jordy F Gosselt, Thomas van Rompay et Laura Haske[124] sur la labellisation RSE du café aux Pays-Bas indique une intention d'achat plus importante en présence d'un éco-label externe positif que lors d' allégations internes ou en l'absence d'allégation.

124 Gosselt, J. F. ; Van Rompay, T.; Haske, L. (2019). *Won't get fooled again: The effects of internal and external CSR ECO-labeling.* Journal of Business Ethics, 155 (2), 413–424.

On peut penser que si les plus importantes marques de chocolat ont ressenti le besoin d'apposer des labels sur leurs produits (souvent un label propriétaire comme nous l'avons vu), c'est bien parce qu'elles en attendent un bénéfice.

C'est également une question pour le consommateur : faut-il faire confiance aux labels en général et/ou à tel label en particulier ? Les enquêtes sur les labels tel *Les coulisses du commerce équitable*[125] de Christian Jacquiau ou les émissions de télévision comme l'enquête de Donatien Lemaître sur Arte[126] le 15 juillet 2014 ont créé le doute sur ce que sont les labels de commerce équitable et les garanties qu'ils apportent. De plus, « la multiplication des labels et des certifications nationales et internationales fait perdre la confiance des consommateurs qui recherchent des signes de qualité reconnaissables et crédibles[127] ».

Du point de vue des producteurs qui font l'effort de respecter les exigences d'un ou plusieurs labels et de payer pour l'obtention de ces labels, mais également pour les organismes porteurs de ces labels, il y a nécessité que le label soit connu, identifiable et apprécié par les consommateurs. En France, c'est clairement le cas du label Fairtrade-Max Havelaar, même s'il a été discuté par les critiques signalées ci-avant.

---

125 Christian Jacquiau *Les coulisses du commerce équitable Mensonges et vérités sur un petit commerce qui monte*, Mille et une nuit, 2006

126 Donatien Lemaitre, *Le business du commerce équitable*, film documentaire, Arte, 2014

127 Givago dos Santos, *Effets comparés des labels et des attributs sur l'évaluation des produits : Le cas du chocolat*, Gestion et management, Montpellier SupAgro, 2021 p. 82

6 Autres organisations de commerce équitable

Au delà de ces courants porteurs de labels, nous présentons rapidement quelques autres organisations : Equal Exchange a une définition très radicale du commerce équitable et Andines, une des organisations pionnière du commerce équitable en France ne s'en revendique plus et promeut plus généralement une économie équitable. Les autres organisations présentées ici regroupent plusieurs acteurs du commerce équitable en vue d'un travail commun.

6.1 Equal Exchange

Equal Exchange est une société de commerce équitable à statut de coopérative[128]. Son capital est constitué d'actions de classe A, réservées à ses employés coopérateurs qui donnent un droit de vote et d'actions de classe B, sans droit de vote, pour les autres investisseurs, personnes physiques ou institutions. Le dividende par action est au maximum de 5 % et dépend des excédents réalisés par l'entreprise.

Equal Exchange a une position très radicale sur le commerce équitable. Ainsi, Rink Dickinson, co-fondateur de la société affirme : « Le commerce équitable est destiné aux petits agriculteurs et aux petits producteurs organisés démocratiquement. Si vous supprimez la démocratie, vous obtenez l'aide traditionnelle ou le développement de la Banque mondiale[129] »

---

128 Tadros, C. & Malo, M.-C. *Commerce équitable, démocratie et solidarité : Equal Exchange, une coopérative exceptionnelle au Nord*, Nouvelles pratiques sociales, Vol 15 n°1 pp. 76-97, Université du Québec à Montréal, 2002.

129 Déclaration de Rink Dickinson, co-fondateur et directeur exécutif d'Equal Exchange

Pour Equal Exchange, un système de commerce équitable authentique nécessite une organisation démocratique des producteurs du Sud, une démocratie des travailleurs pour les entreprises du Nord et une implication active des citoyens du Nord.

6.2 Minga et Andines

La coopérative Andines a été créée en 1987.

Andines a toujours récusé la dissymétrie entre producteurs au Sud et consommateurs au Nord Elle considère qu'il ne faut pas mélanger business et charité[130] et s'oppose à la vision « moraliste » liée à l'origine religieuse des autres organisations de commerce équitable.

Ce réseau, depuis 2007, a abandonné le terme « commerce équitable » pour lui préférer l'expression « économie équitable »

Le texte de positionnement de Minga, adopté en 2013 indique : « Aborder la question d'un commerce équitable sans réinterroger nos modes de production, d'organisation du travail, de partage des connaissances et nos modes de vie n'a donc aucun sens. ».

Le réseau Minga a été créé en 1999 par des commerçants, en particulier la coopérative Andines. Il regroupe 21 entreprises[131]. Minga est « une organisation professionnelle et politique engagée dans la production d'une économie de proximité et de qualité, au niveau local comme international, avec pour ligne d'horizon l'article 23 de la Déclaration universelle des droits de l'Homme :

> 1. Toute personne a droit au travail, au libre choix de son travail, à des conditions équitables et

130 Didier Harpagès, *La coopérative Andines milite pour une économie équitable et solidaire*, Reporterre, 30 novembre 2017 mis à jour le 2 décembre 2017

131 http://minga.net/les-membres/

satisfaisantes de travail et à la protection contre le chômage.

2. Tous ont droit, sans aucune discrimination, à un salaire égal pour un travail égal.

3. Quiconque travaille a droit à une rémunération équitable et satisfaisante lui assurant ainsi qu'à sa famille une existence conforme à la dignité humaine et complétée, s'il y a lieu, par tous autres moyens de protection sociale.

4. Toute personne a le droit de fonder avec d'autres des syndicats et de s'affilier à des syndicats pour la défense de ses intérêts.

Les adhérents de Minga sont des personnes physiques et morales qui défendent une économie plus équitable.

6.3 Coordinations nationales du commerce équitable

Le mouvement du commerce équitable a créé des structures de coordination nationales ou régionales. Certaines sont directement liées à une organisation internationale (WFTO ou FTI).

Ainsi, en Afrique, on trouve Fairtrade Africa qui agit pour ses membres labellisés par Fairtrade International et WFTO Africa & Middle East pour les adhérents de WFTO. En Asie, WFTO Asia et Network of Asia & Pacific Producters (NAPP) pour FTI. En Amérique latine, WFTO Latin America et la CLAC. En Europe WFTO Europe.

Au niveau national, on retrouve également des associations dont les finalités sont les mêmes à l'image de Fair Trade Forum-India affilié à WFTO ou Fairtrade America (USA) pour le réseau FTI.

Des importateurs européens coordonnent leurs efforts et ont créé l'EFTA (European Fair Trade Association),

association de neuf importateurs dans huit pays (Autriche, Belgique, France, Allemagne, Italie, Espagne, Suisse et Royaume-Uni). Depuis 1990, l'EFTA a des statuts néerlandais et est basée aux Pays-Bas.

Ses membres sont : Claro en Suisse, CTM Altromercato en Italie, EZA Fairer Handel GmbH en Autriche, GEPA en Allemagne, Intermon Oxfam en Espagne, Oxfam-Magasins-du-Monde et Oxfam-WereldWinkels en Belgique, Solidar'Monde en France et Transform Trade Trade au Royaume-Uni.

L'objectif de l'EFTA est de soutenir ses organisations membres dans leur travail et de les encourager à coopérer et à se coordonner. Elle facilite l'échange d'informations et la mise en réseau, elle crée les conditions de la division du travail et elle identifie et développe des projets communs. Elle gère une base de données des fournisseurs de l'EFTA, appelée Fairdata, qui contient des informations sur les fournisseurs et leurs produits.

D'autres sont transversales et regroupent le plus possible d'organisations. Ces structures ont pour but de promouvoir le commerce équitable, de développer des collaborations entre ses membres, d'être un interlocuteur des institutions politiques et administratives.

Dans cette catégorie, on trouve la Belgian Fair Trade Federation en Belgique, Commerce Équitable France en France, Coordinadora Estatal de Comercio Justo (CECJ) en Espagne, Swiss Fair Trade en Suisse, Forum Fairer Handel en Allemagne, etc. Souvent elles publient des statistiques sur le commerce équitable dans leur pays à l'image de Commerce Équitable France et de son observatoire du commerce équitable.

6.4 Fair Trade Advocacy Office

Le FTAO (Fair Trade Advocacy Office) est né en 2004 lorsque les réseaux du commerce équitable ont mis en place un mécanisme informel de coopération en matière de plaidoyer. En décembre 2010, les réseaux du commerce équitable ont formalisé leur engagement et ont créé le FTAO en tant que fondation juridiquement indépendante. Sa mission telle qu'elle est définie dans son cadre de gouvernance est de « Catalyser la collaboration au sein du mouvement international du commerce équitable sur les activités de politique, de plaidoyer et de campagne ; faciliter la co-création et le partage de connaissances sur les politiques et pratiques du commerce équitable ; et diriger le travail de plaidoyer sur la législation, les politiques de l'Union européenne et leur mise en œuvre ».

Son conseil d'administration est constitué d'un représentant de Fairtrade International, d'un représentant de WFTO-global, d'un représentant de WFTO-Europe et de trois membres indépendants.

Les employés de FTAO surveillent la politique européenne et internationale en matière de commerce et de développement et assurent un dialogue durable entre le mouvement du commerce équitable et les décideurs politiques. Ils développent des positions politiques sur le commerce équitable et la justice commerciale, présentent des avis, organisent et prennent part à des manifestations et mènent des activités de lobbying et de relations publiques.

Ainsi, l'office est présent par des courriers aux instances de l'Union Européenne indiquant les positions du mouvement du commerce équitable comme la lettre ouverte « To EU decision-makers on the EU contribution to the UNFCCC COP29 and the advent of a global green deal » du 10 juillet 2024 ou l'appel à l'action pour transformer le pacte vert européen en pacte vert global. Il élabore des rapports à destination des décideurs sur différents sujets comme, par exemple, une étude sur « Les politiques publiques du commerce équitable dans le monde[132] ». Ces courriers et rapports sont souvent établis en collaboration avec d'autres mouvements qui agissent en faveur des droits humains et des Objectifs du Développement Durable.

Il participe à des projets financés par l'Union Européenne comme le projet Erasmus+ EU-WISE Young Citizens Project qui vise à mieux sensibiliser les jeunes au développement durable, en particulier le commerce équitable et le mouvement Slow Food.

6.5 Fair Trade Towns, Fair Trade Schools & Universities, Territoires de commerce équitable

En avril 2000, à l'initiative du groupe local OXFAM, la ville de Garstang (Grande Bretagne) se déclare première ville de commerce équitable après avoir obtenu l'accord du maire, des écoles, des groupes confessionnels et d'une très grande majorité des entreprises pour acheter et utiliser des produits du commerce équitable et locaux. De là, naît le mouvement international Fair Trade Towns. Plus de 2 200 communautés territoriales dans 38 pays sont labellisées Fair Trade Towns. L'Allemagne compte 884 communautés impliquées, le Royaume-Uni 408, la Belgique 249, l'Autriche 231, les Pays-Bas 78 et la France 33. En France, des villes comme Lyon, des régions comme l'Occitanie et des départements comme la Meurthe-et-Moselle appartiennent au réseau Territoire de commerce équitable (la version française des Fair Trade Towns) et associent des acteurs du commerce équitable à

132 Veselina Vasileva, Didier Reynaud, Public policies on Fair Trade, FTAO, décembre 2021

leur gouvernance. Ces collectivités ont signé une charte[133] par laquelle elles s'engagent à :

1. Augmenter la part des produits équitables dans les achats publics du territoire
2. Encourager l'éducation et la sensibilisation au commerce équitable pour développer une citoyenneté solidaire et écologique
3. Soutenir une économie porteuse d'effets sociaux et environnementaux positifs, sur le territoire comme à l'international
4. Intégrer le commerce équitable dans la politique de coopération et de solidarité internationales du territoire
5. Développer une culture du dialogue et de participation avec la société civile locale pour engager les territoires dans une économie plus équitable

Des écoles et universités peuvent également s'impliquer dans cette démarche de commerce équitable à l'image de l'IAE de Nice (Université Côte d'Azur).

Le nombre de labels proposés aux collectivités locales est de plus en plus grand. Cette multiplication est de nature à décourager les villes de s'impliquer dans telle ou telle labellisation. On peut noter par exemple le mouvement Villes en transition (Transition Towns) renommé initiatives de transition (Transition Initiatives). De même, le conseil international pour les initiatives écologiques locales (ICLEI International Council for Local Environmental Initiatives) est une association fondée en 1990 sous le parrainage du Programme des Nations Unies pour l'Environnement. Elle regroupe aujourd'hui plus de 2 500 membres dans plus de 125

133 Territoires de commerce équitable, Commerce Équitable France, *Charte Territoire de commerce équitable*, mai 2023

pays[134]. Ne conviendrait-il pas de rapprocher ces mouvements qui semblent proches les uns des autres ?

6.6 Conclusion sur les organisations de commerce équitable

Les organisations du commerce équitable sont donc très nombreuses : organisations de producteurs labellisées, organisations porteuses des labels, organisations qui plaident pour le commerce équitable, commerçants de gros ou de détail spécialisés dans le commerce équitable. À ces acteurs s'ajoutent des organisations non spécialisées dans le commerce équitable mais qui agissent en faveur de ce commerce telles que le CCFD-Terre Solidaire, Agronomes et vétérinaires sans frontières ou Ingénieurs sans frontières. Ces organisations ont permis au commerce équitable d'être reconnu et de ce fait, il s'est beaucoup institutionnalisé mais sa double origine libertaire et religieuse est encore bien présente dans ses organisations et ses pratiques.

Les actions des producteurs et acheteurs pour obtenir un « juste échange » ont abouti à une véritable reconnaissance de cette nécessité par l'ensemble de la société. Ceci est même vrai pour de grandes organisations de distribution qui ne sont pourtant pas connues pour être à la pointe du respect des travailleurs. Mais il y a encore beaucoup à faire pour que la formation des prix à partir des coûts de revient soit une réalité. La nécessité de le faire est désormais inscrite dans la loi Egalim 2 en France.

Toutefois, en ce qui concerne le commerce entre les pays du Sud et ceux du Nord, la dissymétrie provoquée par la labellisation des seules organisations du Sud par Fairtrade International ne remet pas réellement en cause les règles du commerce international, contrairement à ce

134 https://iclei.org/our_network/

qui est affirmé. Pourtant, la présence de ce label garantit qu'un prix supérieur aux cours mondiaux a été payé aux producteurs et c'est un acquis important.

La notion de producteurs désavantagés, présente dans la définition légale du commerce équitable en France, est en elle-même une limite à la transformation du commerce puisqu'elle restreint le commerce équitable à une certaine catégorie de producteurs. Cette notion n'est pas présente pour Fair Trade USA et de ce fait, ils peuvent certifier de façon beaucoup plus large les entreprises. Cette différence reste un point de débat au sein du mouvement du commerce équitable.

Tous ces éléments montrent combien le chemin est long pour faire du commerce équitable la norme de l'ensemble du commerce.

7 Focus sur trois filières

Dans cette partie, nous présentons plus en détails les trois produits alimentaires principaux du commerce équitable : le café, boisson la plus consommée dans le monde après l'eau, les bananes, fruit le plus consommé et le cacao. Ces trois produits représentent un peu plus des trois quarts des ventes de produits alimentaires équitables d'origine internationale, vendus en France. Nous ajoutons à cette présentation quelques mots sur les produits non alimentaires avec un focus sur l'artisanat, historiquement à l'origine du commerce équitable contemporain.

Les données alimentaires générales pour les produits alimentaires sont issues du site de statistiques de la FAO (https://www.fao.org/faostat/fr/#data). Les chiffres donnés pour le commerce équitable au niveau mondial sont issus des rapports de Fairtrade International (https://www.fairtrade.net/library). Les chiffres sur les productions durables viennent des rapports annuels de Rainforest Alliance (Rainforest-alliance.org). Enfin, les données concernant la France sont issues du site de l'INSEE en ce qui concerne les chiffres globaux et de l'observatoire du commerce équitable pour ce qui le concerne.

7.1 Le café

En français, le mot café a trois significations :

- la graine du caféier
- la boisson obtenue à partir de cette graine
- le lieu où l'on boit, entre autres, du café.

Ce simple constat témoigne de l'importance de cette boisson dans notre société. Il s'agit de la boisson la plus consommée au monde après l'eau, soit environ 324 kg de poudre de café par seconde. Le café est également le deuxième produit le plus échangé à l'échelle mondiale, juste après le pétrole. En 2023, le marché mondial du café représente plus de 126 milliards de dollars américains.

Selon la légende, en Abyssinie (actuelle Éthiopie), un berger nommé Kaldi aurait remarqué que ses chèvres devenaient particulièrement vives après avoir consommé les feuilles et les fruits d'un arbuste alors inconnu. Il rapporta cette observation aux moines d'un monastère voisin, qui récoltèrent les fruits, les mirent à sécher puis infuser. Après en avoir bu, les moines ressentirent eux aussi une grande vivacité. Cette légende fut publiée pour la première fois à Rome en 1671 par Antoine Faustus Nairon dans son traité sur le café : *De Saluberrima potione Cahue seu Cafe nuncupata Discursus (Discours sur la boisson la plus saine appelée Cahue ou Café).*

Les études génétiques montrent que le café arabica, la variété la plus cultivée, provient probablement de la province de Kaffa (actuelle Oromia) en Éthiopie, ce qui expliquerait son nom. La consommation de café s'est d'abord diffusée localement, atteignant le Yémen au XVe siècle. Le port de Moka devint alors le principal point d'exportation du café vers la Perse, l'Égypte, l'Afrique du Nord et la Turquie. La première « maison du café » a ouvert à Istanbul en 1544, puis à Londres vers 1650 et à Marseille en 1671. Le Yémen a conservé le monopole de l'exportation jusqu'en 1680, date à laquelle quelques grains, probablement rapportés par des pèlerins, sont arrivés au royaume de Mysore (Inde), où l'on trouve encore aujourd'hui quelques caféiers. En 1706, la Compagnie hollandaise des Indes orientales a introduit le café dans les Indes Néerlandaises, où il a prospéré avant de se répandre dans les colonies tropicales au climat favorable[135].

135 Wikipedia, *Histoire de la caféiculture*, dernière modification août 2025

7.1.1 Du caféier à notre tasse

D'un point de vue botanique, le caféier est un arbuste à feuilles persistantes de la famille des Rubiacées. À l'état sauvage, il mesure moins de 9 m mais il est taillé entre 2 et 3 m dans les plantations. Il préfère être cultivé à l'ombre d'arbres plus grands. Le caféier produit des cerises ou drupes, chacune contenant deux grains de café. Les deux variétés principales sont le robusta et l'arabica. L'arabica est généralement cultivé en altitude (entre 1 000 et 2 100 m), tandis que le robusta pousse en plaine. Un caféier Arabica produit environ 2,5 kg de drupes par an.

La récolte peut se faire de manière sélective, en cueillant à la main chaque cerise pour une qualité optimale, ou de façon mécanique, en secouant les branches pour faire tomber les fruits. Cette seconde méthode, principalement utilisée dans les grandes plantations n'est pas adaptée à l'agroforesterie.

La préparation du café vert se fait selon deux méthodes : la voie sèche (séchage au soleil et à l'air libre) ou la voie humide (dépulpage, fermentation, rinçage à l'eau, séchage à l'air). Les grains sont ensuite triés et calibrés.

C'est à ce stade que le café est généralement exporté des pays producteurs vers les pays consommateurs. Les étapes suivantes, sont réalisées par des industriels ou de petits torréfacteurs artisanaux. La torréfaction, qui développe les arômes du café, confère au grain sa couleur : plus elle est claire, plus le goût est fruité et floral ; plus elle est sombre, plus l'acidité diminue et l'amertume augmente.

Le café est ensuite conditionné, parfois moulu ou présenté en capsules individuelles nécessitant une machine spécifique. Enfin, l'extraction des arômes s'effectue chez le consommateur ou dans les cafés, grâce à une grande variété de machines, du simple filtre à l'expresso.

7.1.2 Quelques chiffres-clés

En 2023, le marché mondial du café s'élève à 126,17 milliards de dollars US[136]. Vingt-cinq millions de petits producteurs assurent 80 % de la production mondiale[137]. À l'autre extrémité de la chaîne, le marché est très concurrentiel sans acteur véritablement dominant à l'échelle mondiale. Les principaux groupes sont The Kraft Heinz Company (Maxwell House), Nestlé (Nespresso, Nescafé, Ricoré), JM Smucker Company (Folgers, Café Bustelo, Dunkin'), Starbucks Coffee Company, Coca Cola Company (Café Costa) et JAB Holding Company (Douwe Egberts, Jacobs, Senseo). En France, Nestlé, JDE (L'Or, Jacques Vabre, Tasseo, Senseo, Grand Mère) et Lavazza détiennent plus de 80 % du marché.

Aujourd'hui, le premier pays producteur de café est le Brésil et 10 pays assurent plus de 80 % de la production mondiale qui est de 11 173 240 tonnes en 2023.

136 Mordor Intelligence, *Analyse de la taille et de la part du café – Tendances et prévisions de croissance (2023 – 2028)*, échantillon gratuit, 2023

137 Aude Valade, *La filière café face au changement climatique*, in Bilan mondial de l'action climat par secteur, Climate chance, Paris, 2022

Tonnes			
Pays	**2023**	**%**	**% cumulé**
Brésil	3 405 267	30 %	30 %
Viet Nam	1 956 782	18 %	48 %
Indonésie	760 192	7 %	55 %
Colombie	680 858	6 %	61 %
Éthiopie	559 400	5 %	66 %
Honduras	384 361	3 %	69 %
Ouganda	384 000	3 %	73 %
Pérou	369 551	3 %	76 %
Inde	332 848	3 %	79 %
République centrafricaine	316 108	3 %	82 %

Tableau 5: Les 10 plus gros producteurs de café en 2023

L'International Coffee Organization (ICO), organisation intergouvernementale de la filière café regroupe 44 membres producteurs et 7 membres importateurs (dont l'Union Européenne considérée comme un seul membre). Elle représente 93 % de la production mondiale de café et 63 % de la consommation[138]. L'ICO publie chaque mois des statistiques sur la production, la consommation et les prix, distinguant notamment trois catégories d'arabica (d'abord l'arabica doux de Colombie, ensuite les autres arabicas doux, enfin l'arabica du Brésil et autres arabicas naturels) et le robusta.

Environ deux tiers de la production de café vert sont exportés chaque année, le reste étant principalement consommé localement dans des pays comme le Brésil, l'Éthiopie ou la Colombie. Une faible part de la production est transformée localement en café torréfié ou soluble, principalement produit au Brésil, au Vietnam ou en Inde et cette proportion augmente lentement mais régulièrement.

138 https://icocoffee.org/what-we-do/about-us/

La figure ci-après présente trois indices de prix du café : le prix du café arabica doux (source ICO), le prix en France d'un paquet de 250 g de café moulu (source INSEE) et le prix d'un café ou autre boisson chaude hors domicile (source INSEE). Les indices sont uniformisés en base 100 en 2014 pour faciliter la comparaison.

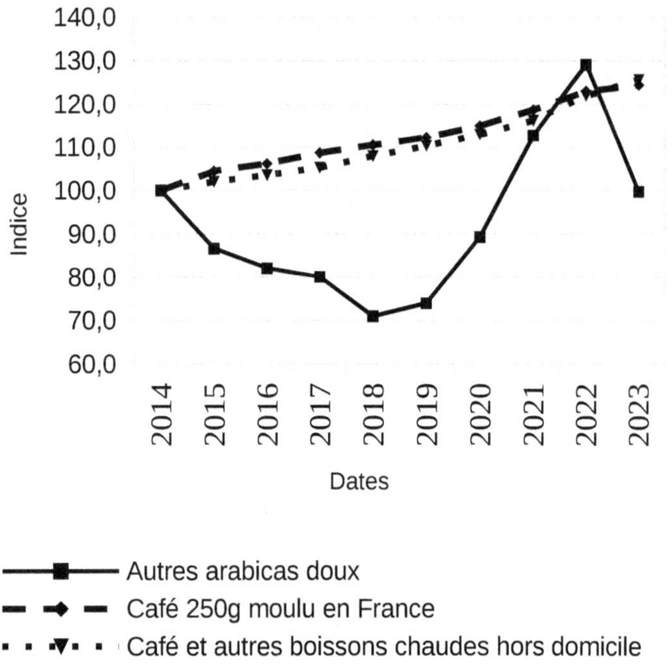

Figure 3: Indice de divers prix du café

Tandis que les prix en France évoluent de manière similaire, le cours du café payé au producteur est extrêmement volatile, y compris en moyenne annuelle, et varie encore davantage au cours de l'année.

Le graphique indique que la hausse assez régulière du prix de la tasse de café n'a pas profité aux producteurs. Ce qui est confirmé par l'étude du BASIC (Bureau d'Analyse Sociétale d'Intérêt Collectif)[139].

7.1.3 Commerce équitable et café durable

Deux principales organisations de labellisation, Fairtrade International et Rainforest Alliance/UTZ, publient des données sur les surfaces cultivées, la production et la vente de café équitable et/ou durable. Elles représentent une part significative des ventes. Toutefois, il convient de ne pas additionner leurs chiffres car de nombreux producteurs sont certifiés par plusieurs labels pour des raisons commerciales.

	Café labellisé Fairtrade International			
Année	Production	Part de la production totale	Vente sous label	Vente/ production
2017	633 854	6,3%	214 335	33,8%
2018			207 648	
2019	824 404	8,1%	218 162	26,5%
2020	889 589	8,7%	226 338	25,4%
2021	923 464	9,2%	222 328	24,1%

Tableau 6: Café labellisé équitable

139 BASIC, *Café : La success story qui cache la crise – Etude sur la durabilité de la filière du café,* Rapport de recherche, Max Havelaar France, Commerce Equitable France, Collectif « Repenser les filières », Basic, octobre 2018

Café labellisé Rainforest Alliance				
Année	Production	Part de la production totale	Vente sous label	Vente/ production
2017	557 911	5,5%	289 485	51,9%
2018	655 314	6,4%	328 082	50,1%
2019	669 698	6,6%	393 550	58,8%
2020	770 295	7,5%	403 241	52,3%
2021	845 947	8,4%	438 001	51,8%

Tableau 7: Café labellisé Rainforest Alliance

Café labellisé UTZ				
Année	Production	Part de la production totale	Vente mondiale	Vente/ production
2017	857 803	8,5%	365 091	42,6%
2018	1 102 826	10,8%	518 807	47,0%
2019	1 083 649	10,7%	589 522	54,4%
2020	1 235 526	12,1%	708 579	57,4%
2021	1 234 867	12,3%	658 282	53,3%

Tableau 8: Café labellisé UTZ

Moins de 25 % de la production de café labellisé équitable est vendu aux conditions du label car la demande est insuffisante. Ainsi, les producteurs sont contraints d'écouler les trois quarts de leur production sans tirer bénéfice de leur labellisation. De plus, la part vendue sous label est passée de plus d'un tiers à moins d'un quart entre 2017 et 2021. Il est donc crucial d'être vigilant sur les nouvelles labellisations pour ne pas appauvrir encore les producteurs déjà certifiés.

Pour les labels durables, la situation est meilleure mais encore insatisfaisante puisque le moitié seulement de la production labellisée est vendue dans les conditions du label.

Les rendements des cafés labellisés équitables sont généralement inférieurs à ceux des cafés non labellisés. Les parcelles cultivées sous label équitable sont en moyenne petites (1,32 ha) confirmant qu'il s'agit réellement de petits producteurs comme le revendique une célèbre marque de café équitable.

Le commerce équitable, en garantissant un revenu décent aux travailleurs (stabilité des prix, prime supplémentaire pour les organisations de producteurs, contrats à moyen terme, etc.) et en promouvant le respect de l'environnement (agroforesterie, agriculture biologique, etc.) constitue une partie de la solution pour préserver la filière café. Le café durable est un peu mieux représenté, mais sa part demeure faible dans un contexte mondial qui se veut pourtant engagé pour l'environnement !

Il est donc regrettable que le café équitable ne représente qu'un peu plus de 2 % du café vendu dans le monde.

7.1.4 Café et changement climatique

Le caféier exige des conditions de culture très spécifiques. L'arabica ne se développe qu'à des altitudes comprises entre 1 000 et 2 000 m, avec des températures de 18 à 23 °C. Le robusta, quant à lui, pousse à des altitudes inférieures à 800 m à des températures comprises entre 22 et 30 °C. Le changement climatique affecte à la fois les rendements et la qualité des récoltes : la hausse des températures modifie le processus de maturation des cerises et favorise la prolifération des ravageurs et des maladies. Les modifications du régime des pluies alternant longues sécheresses et précipitations intenses, nuisent également à la culture du caféier. Ainsi, « si les conditions actuelles persistent sans contrôle, les territoires mondiaux parfaits pour la culture du café pourraient diminuer de 50 % d'ici 2050[140]. »

Par ailleurs, 60 % des espèces de caféiers sauvages — réservoirs de diversité génétique — sont menacées d'extinction du fait du changement climatique, de la déforestation et de la prolifération des attaques de pathogènes.

La caféiculture, si elle subit les effets du changement climatique, y contribue également. Selon le calculateur Agrybalise[141] de l'ADEME, le café moulu émet, sur l'ensemble de son cycle de vie (agriculture, transformation, emballage, transport, distribution, consommation) 9,99 kg CO2e par kilogramme de produit. Plus globalement, le score unique PEF[142] est de 1,84 mpt/kg de produit dont 93,9 % proviennent de l'agriculture, 3,6 % de la transformation et 1,6 % du transport. Les producteurs de commerce équitable sont attentifs à ce problème et bon nombre de leurs organisations investissent une part de la prime de commerce équitable pour la réduire.

7.1.5 Histoire de café équitable : CECOVASA

Les vallées de Tambopata et de l'Inamabari, situé au Sud-Est du Pérou constituent des territoires particulièrement isolés. Au fil du temps, ces vallées ont accueilli des migrants issus de l'Altiplano, appartenant aux peuples Aymara (dans la vallée de Tambopata) et Quechua (dans celle de l'Inambari). Les producteurs de café, traditionnellement organisés selon des modes collectifs, étaient contraints de céder leur récolte à des prix dérisoires aux rares acheteurs qui daignaient s'aventurer jusqu'à eux.

140 Chandra Melo , *Changement climatique et café : les défis de la durabilité*, 26 octobre 2023 https://www.eraofwe.com/coffee-lab/fr/articles/

141 Agribalyse.ademe.fr

142 Ce score est présenté à l'annexe 5

C'est dans ce contexte qu'en 1970, cinq coopératives de base — San Isidro de Yanahuaya, San Jorge, San Ignacio, Unión Azata et Charuyo pour la vallée de Tambopata, ainsi qu'Inambari — fondèrent la CECOVASA, Central de Cooperativas Agrarias Cafetaleras de los Valles de Sandia, autrement dit le Centre des coopératives de café des vallées de Sandia. L'objectif fondamental de cette union était d'offrir à leurs membres un accès direct au marché international, tout en préservant et valorisant les cultures Quechua et Aymara.

Aujourd'hui, les cinq coopératives fondatrices ont été rejointes par Union Ata, Tupac Amaru et Valle Grande, portant à près de 5 000 le nombre de familles membres. Les zones de production s'étendent de 722 à 2 062 mètres d'altitude, et la récolte du café s'effectue d'avril à septembre.

CECOVASA exporta pour la première fois en 1980. En 1993, la coopérative intégra les filières du commerce équitable, obtenant la certification FLO (devenue par la suite FTI). En 1997, elle fut également certifiée Bio. Plus récemment, la coopérative a obtenu la certification Símbolo de los Pequeños Productores (SPP).

Ces dernières années, la consommation de café au Pérou connaît une progression régulière. La coopérative s'investit donc dans le développement du marché national, bien que l'exportation demeure sa principale source de revenus. Elle a su créer plusieurs marques propres — Tunki, Quechua, Titicaca, Bahuaja, Aymara, Sillpa, Inambari et Tambopata — déclinées en versions espresso ou américano. Ces cafés sont présentés dans de nombreux concours, et le café Tunki a été élu produit de l'année en 2010. Par ailleurs, le café du producteur Raul Mamani, représentant la province de Sandia, a obtenu la deuxième place au concours du meilleur café du monde lors de la foire World of Coffee (WOC) en 2022.

7.2 Les bananes

Le bananier serait domestiqué depuis près de dix mille ans en Papouasie-Nouvelle-Guinée (marais de Kuk). Il s'est progressivement diffusé en Asie du Sud-Est, en Inde, puis en Afrique et en Océanie. Par la suite, la banane a conquis le monde d'abord grâce aux navigateurs arabes qui l'introduisirent en Méditerranée au VIIe siècle puis par les explorateurs espagnols qui l'implantèrent en Amérique Centrale.

Aujourd'hui, la diversité variétale de la banane est remarquable : plus de mille variétés sont cultivées à travers le monde, même si la Cavendish demeure, et de loin, la plus répandue.

7.2.1 Quelques chiffres-clés

La banane est la quatrième culture vivrière derrière le blé, le riz et le maïs. Il s'agit également du fruit le plus cultivé avec près de 140 millions de tonnes produites en 2023[143]. Selon Mordor Intelligence, la taille du marché mondial de la banane devrait atteindre 141,97 milliards de dollars en 2024.

	Production mondiale (en tonnes) et superficies (en ha)			
Année	Production mondiale	Superficies	Exportations	Part exportée
2019	117 342 464	5 033 416	27 047 926	23,1%
2020	126 451 453	5 597 221	26 864 517	21,2%
2021	132 332 033	5 822 381	25 337 132	19,1%
2022	135 505 239	5 917 437	24 343 090	18,0%
2023	139 277 895	5 973 253	21 148 034	15,2%

Tableau 9: Bananes : Production et superficie cultivée

143 FAOSTAT (https://www.fao.org/faostat/fr/#data/QCL)

Moins de 20 % des bananes produites dans le monde sont exportées, ce qui confirme que, dans de nombreux pays, la banane est avant tout une culture vivrière.

Pays	Valeur	%	% cumulé
Inde	36 614 000	26,3%	26,3%
Chine	12 062 222	8,7%	34,9%
Indonésie	9 335 232	6,7%	41,7%
Nigéria	7 308 103	5,2%	46,9%
Équateur	7 198 482	5,2%	52,1%

Tableau 10: Principaux producteurs de bananes

Pays	Valeur	%	% cumulé
Équateur	3 978 141	18,8%	18,8%
Guatemala	2 799 412	13,2%	32,0%
Costa Rica	2 243 682	10,6%	42,6%
Philippines	2 031 799	9,6%	52,2%
Colombie	1 694 902	8,0%	60,2%

Tableau 11: Principaux exportateurs de bananes

Les principaux pays producteurs ne sont pas nécessairement les principaux exportateurs. Ainsi, l'Inde, premier producteur mondial, n'exporte que 499 131 tonnes et conserve la quasi-totalité de sa production pour la consommation locale. À l'inverse, l'Équateur exporte 55 % de sa production, le Guatemala 64 % et le Costa Rica 89 %. La banane apparaît donc, selon les contextes, tantôt comme une culture vivrière, tantôt comme une culture de rente.

En octobre 2015, le BASIC a publié, à la demande de Banana Link et du Fair Trade Advocacy Office, un rapport[144] analysant les chaînes de valeur de la banane en Europe. Ce rapport met en lumière une évolution significative des rapports de force au sein de la filière. Dans les années 1980, cinq entreprises intégrées verticalement (Chiquita, Del Monte, Dole, Noboa et Fyffes) contrôlaient 80 % du marché mondial. À la date du rapport, leur part de marché en Europe était tombée à moins de 40 %. Désormais, ce sont les détaillants qui dominent le marché, exerçant une forte pression à la baisse sur les prix de gros. La concurrence intense entre ces distributeurs a conduit à un prix moyen de la banane, pour le consommateur, inférieur de 25 % à celui de la pomme, principal fruit local.

Le diagramme ci-après présente l'indice des prix moyens des bananes payés à l'exportateur et l'indice des prix payés par le consommateur en France, les deux indices étant ramenés à une base 100 en 2014 afin de faciliter la comparaison.

144 BASIC, *Banana value chains in Europe and the consequences of Unfair Trading Practices*, BASIC, Banana Link, FTAO, octobre 2015

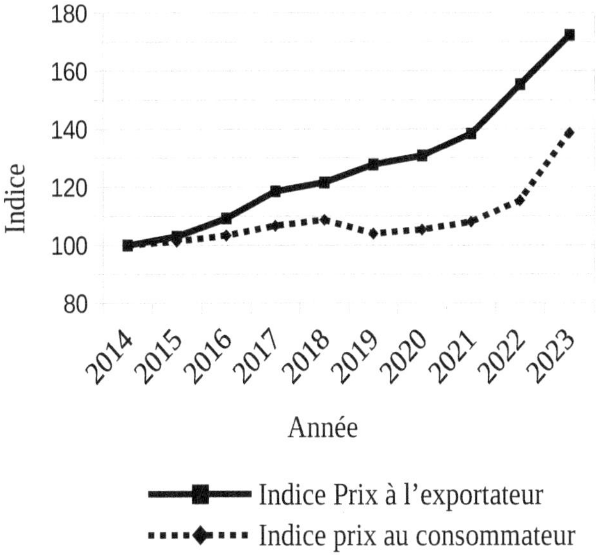

Figure 4: Indice des prix des bananes à l'exportateur et au consommateur final

Cette figure montre que, sur la dernière décennie, le prix reçu par l'exportateur a progressé plus rapidement que celui payé par le consommateur. Ce phénomène résulte de la concurrence féroce entre les distributeurs, pour lesquels la banane constitue un produit d'appel dont le prix est bien connu des consommateurs, et de la capacité de quelques producteurs bien organisés à maintenir leurs prix. Malheureusement, cette situation ne profite pas toujours à l'ouvrier agricole employé dans les grandes plantations exportatrices. En Équateur, une législation sur le salaire minimum, généralement respectée par les exportateurs, garantit aux ouvriers un revenu proche du salaire vital. Il n'en va pas de même aux Philippines ou au Cameroun, où les conditions de travail dans les plantations sont fréquemment dénoncées, tout comme au Guatemala et en République dominicaine.

Cette pression sur les prix a de lourdes conséquences pour les producteurs, tant en termes de temps de travail et de salaires insuffisants qu'en matière de protection contre l'usage massif de produits agrochimiques toxiques, rendu nécessaire par la monoculture intensive. Elle pose également un problème environnemental majeur, du fait de la pollution des sols et des eaux. Le commerce équitable doit, à ce titre, jouer un rôle essentiel.

Il serait difficile d'évoquer la banane en France sans mentionner le scandale du chlordécone aux Antilles françaises, qui illustre parfaitement les dérives potentielles de l'agrochimie, aggravées par une gestion politique empreinte de colonialisme.

7.2.2 Les scandales du chlordécone

Le chlordécone est un insecticide organochloré qui a été utilisé contre le charançon et d'autres insectes attaquant les bananiers. Il a également été utilisé à diverses concentrations sur les cultures de tabac ou d'agrumes, dans la lutte contre les fourmis, les blattes, les larves de mouches. Enfin, il a été employé comme fongicide contre le mildiou. L'utilisation dans les bananeraies a été la plus importante.

La molécule est synthétisée en 1951 et un brevet est déposé par Allied Chemical. Le pesticide est mis sur le marché en 1958. La toxicité du produit est démontrée dès 1963 chez la souris.

Entre 1960 et 1970, à Hopewell (Virginie), l'eau, les sédiments et la faune de la James River sont gravement pollués et une centaine d'ouvriers sont intoxiqués par le chlordécone. Dans l'air, la concentration de chlordécone dépassait 3 mg/m^3 dans certaines zones alors que le seuil légal est de 1 $\mu g/m^3$. Cet accident a entraîné l'interdiction de ce produit en 1975 aux USA.

En France, de 1972 à 1981, il y a eu plusieurs autorisations provisoires de mise sur le marché par divers ministres de l'agriculture. Les ouragans David en 1979 puis Allen en 1980 provoquent une forte prolifération des charançons et autres parasites en Guadeloupe et en Martinique. Les autorisations seront retirées pour la France en 1990, mais il y a un délai de 2 ans pour l'utilisation du produit, délai qui sera prolongé d'un an. Le 30 septembre 1993, le produit est officiellement interdit à la vente mais une dérogation permettant d'utiliser les stocks est obtenue sous la pression du lobby des bananes. C'est seulement en 2002 que la récupération des stocks de chlordécone commence dans les Antilles françaises. En 2009, le chlordécone est classé dans la catégorie des polluants organiques persistants par la convention de Stockholm, ce qui interdit sa production et son utilisation dans le monde.

Le chlordécone, très stable chimiquement, a contaminé les sols pour des centaines d'années. Cela représente 10 % du territoire en Guadeloupe (étude ChlEauTerre[145]). Il a également largement contaminé les nappes souterraines et les rivières ce qui met en cause la potabilité de l'eau distribuée au robinet et nécessite de retraiter l'eau en bouteille ! Un certain nombre d'aliments (patates douces, ignames, carottes, etc.) sont considérés comme à risque mais les fruits et légumes « aériens » présentent peu de risques.

Le résultat en terme sanitaire sur la population indique que plus de 90 % de la population de la Guadeloupe et de la Martinique a de la chlordécone dans le sang (étude Kannari[146]).

---

145 INRA, CIRAD, *Projet ChlEauTerre Rapport final*, septembre 2017

146 Dereumeaux C, Saoudi A. S *Imprégnation de la population antillaise par la chlordécone et certains composés organochlorés en 2013/2014. Étude Kannari* ; Saint-Maurice : Santé publique

Les risques essentiels pour la santé sont :

- L'accouchement prématuré : D'après l'étude TIMOUN[147] (2004-2008), près de 3 fois plus d'accouchements prématurés dans la population étudiée que dans la population générale.
- Le cancer de la prostate : en 2018, le World Cancer Research Fund International a relevé des taux de cancers de la prostate de 189 et 158 cas pour 100 000 habitants, taux les plus élevés du monde.

A ce jour, aucune des plaintes déposées dans ce dossier (empoisonnement, faux témoignages, disparition d'archives ...) n'a pu aboutir à une condamnation !

7.2.3 La banane : un fruit éminemment politique

Au XIXe siècle, de grandes compagnies fruitières créent d'immenses plantations aux Antilles, en Amérique centrale et en Afrique. Parmi elles figurent la Hawaiian Pineapple Company, fondée en 1851 à Hawaï par James Dole (qui fusionnera avec la Standard Fruit Company en 1964), Fyffes, née en 1888 à Dublin, la United Fruit Company, créée le 30 mars 1899 aux États-Unis, ainsi que les groupes Del Monte Foods et Grupo Noboa (marque Bonita).

Au début du XXe siècle, la United Fruit Company s'implante notamment à Cuba, en Colombie, au Costa Rica, au Guatemala, au Panama et au Honduras. Elle bénéficie de privilèges considérables – terres, concessions ferroviaires, etc. – octroyés par les gouvernements d'Amérique centrale. Sa puissance, conjuguée au soutien de la CIA, lui permet de financer de nombreux coups

---

France, 2018. 86 p

147 Philippe Kadhel et al. *Chlordecone exposure, length of gestation and risk of preterm birth*, Unité INSERM 1085, American Journal of Epidemiology, janvier 2014

d'État dans la région. La corruption politique est assumée par les dirigeants de la société, comme en témoigne la célèbre déclaration de Sam Zemurray, président de la United Fruit Company : au Honduras, « une mule coûte plus cher qu'un député[148] ». Le soutien de la CIA à l'UFC fut particulièrement manifeste lors de la réforme agraire entreprise par le gouvernement guatémaltèque de Jacobo Árbenz Guzmán, qui menaçait les intérêts de l'entreprise. En réaction, la CIA orchestra l'opération PBSuccess[149], un coup d'État qui renversa Árbenz. Il est notable qu'Allen Dulles, directeur de la CIA de 1953 à 1961, était, comme d'autres membres du gouvernement américain, actionnaire de l'UFC.

Le Grupo Noboa occupe également une place prépondérante dans la vie politique équatorienne.

C'est en 1904 que l'écrivain américain William Sydney Porter, connu sous le pseudonyme O. Henry, forge l'expression « république bananière » pour qualifier ces situations. De nombreux auteurs y feront référence, tels Hergé dans Tintin et les Picaros, ou Gabriel García Márquez dans Cent ans de solitude.

Naturellement, ces liens étroits avec le pouvoir politique s'accompagnent de conditions de travail souvent déplorables, donnant lieu à d'importants mouvements de grève. On peut citer, à titre d'exemple, le massacre des bananeraies en Colombie : la United Fruit Company rémunérait ses ouvriers principalement au moyen de « vales », bons d'achat valables uniquement dans les magasins de la compagnie. En octobre 1928, les ouvriers formulent des revendications portant sur l'augmentation des salaires, l'amélioration des conditions de travail, la reconnaissance des droits syndicaux et la suppression du système des vales. Le gouvernement réagit en adoptant

148 https://www.axl.cefan.ulaval.ca/amsudant/honduras.htm
149 *Coup d'état de 1954 au Guatemala* https://fr.wikipedia.org/wiki/

immédiatement une loi restreignant les libertés syndicales. Début novembre, la grève éclate, et dans la nuit du 5 au 6 décembre, l'armée ouvre le feu sur la foule.

Aujourd'hui, ces compagnies ont changé de nom afin d'améliorer leur image : la United Fruit Company est devenue Chiquita Brands International, et la Standard Fruit Company, la Dole Food Company. Pourtant, les conditions de travail demeurent souvent précaires dans les bananeraies, comme le souligne le rapport annuel 2017 d'Action Aid[150].

7.2.4 Banane équitable et/ou durable

Fairtrade International et Rainforest Alliance publient chaque année, dans leur rapport annuel, des données sur la part du commerce labellisé. Les tableaux ci-après sont issus de ces rapports.

Année	2017	2021
Production labellisée	970 531	1 461 174
Part de la production mondiale	0,9%	1,1%
Vente labellisée	641 922	739 111
Vente/production	66,1%	50,6%
Superficie	38 316	50 054
Part de superficie	0,8%	0,9%
Rendement (t/ha)	25,33	29,19
Nombre de fermiers	10 385	10 223
Superficie par fermier	3,690	4,896
Part des femmes	18 %	21 %
Nombre de salariés	14 639	25 672
Part des femmes	10 %	16 %

Tableau 12: Bananes labellisées équitables (FTI)

150 https://www.actionaid.fr/publications/rapport-annuel-2017/

Comme pour le café, seule une partie de la production labellisée est effectivement vendue selon les conditions du commerce équitable. Cette part est très supérieure à celle du café mais elle tend à diminuer. On observe également que la progression de la production labellisée s'accompagne d'une augmentation du nombre de salariés dans les plantations certifiées, de la surface moyenne par exploitant et du rendement à l'hectare. Ce phénomène s'explique par la croissance du nombre de plantations certifiées.

On constate par ailleurs que le rendement à l'hectare est légèrement supérieur pour la production labellisée (29,19 t/ha) par rapport à la production totale (22,73 t/ha) en 2021. Ce chiffre demeure toutefois bien inférieur au rendement maximal théorique (60 t/ha), selon M. Preira, président de la SICA des planteurs de Guadeloupe (1994), cité par Magalie Jannoyer[151]. Cette différence s'explique notamment par le fait que les labels concernent principalement des cultures destinées à l'exportation, plutôt que des cultures vivrières, ainsi que par les exigences des certifications : bonnes pratiques agricoles, accompagnement technique et ressources financières accrues[152].

---

151 Magalie Jannoyer, *Déterminisme du nombre d'organes reproducteurs d'une inflorescence de bananier*, Thèse soutenue à l'Institut National Agronomique de Paris Grignon, p 202, 5 juillet 1995

152 Association interprofessionnelle de la banane, *Les engagements de la filière banane*, https://labanane.info/

Année	2017	2021
Production	7 808 458	9 401 763
Part de la production	6,9%	7,1%
Vente mondiale	1 971 323	3 084 354
Vente/production	25,2%	32,8%
Superficie	161 084	185 038
Part de superficie	3,2%	3,2%
Rendement (t/ha)	48,47	50,81
Nombre de fermiers	1 873	2 670
Superficie/fermier	86,00	69,30
Nombre de travailleurs		187 812

Tableau 13: Bananes labellisées développement durable

On remarque également que près des deux tiers des bananes labellisées développement durable ne sont pas écoulées selon les conditions du label. Par ailleurs, la superficie moyenne des parcelles sous label « durable » est supérieure à celle des parcelles sous label « équitable », ce qui s'explique probablement par la prédominance des plantations dans la première catégorie. Ces exploitations disposent ainsi de moyens financiers plus importants, leur permettant d'investir dans les bonnes pratiques agricoles et d'obtenir des rendements à l'hectare plus élevés.

7.2.5 Banane et changement climatique

Fairtrade International a financé une étude[153] sur les coûts externes de la production de bananes, publiée en février 2019. Cette étude, menée dans quatre des principaux pays exportateurs (Colombie, République dominicaine, Équateur et Pérou), conclut que le coût

153 Adrian de Groot Ruiz, Rick Lord et al. *The external costs of banana production: A global study,* True Price et Trucost, Fairtrade International, février 2019

externe d'une boîte de bananes conventionnelles de 18,14 kg s'élève à 6,703 $. Les coûts sociaux, principalement liés à l'insuffisance des salaires et à la couverture sociale, représentent 60 % de ce total. Les coûts environnementaux résultent essentiellement de l'occupation des terres, de l'épuisement des ressources en eau et de la contribution au changement climatique. Pour le commerce équitable, les coûts externes sont réduits à 3,65 $ par boîte, grâce à des coûts sociaux nettement inférieurs, tandis que les coûts environnementaux demeurent comparables.

7.2.6 Histoire de bananes équitables : Agrofair

En 1996, le marché de la banane était, comme nous l'avons précédemment évoqué, dominé par quelques multinationales. La situation des travailleurs des bananeraies y était particulièrement précaire : protection juridique insuffisante, faibles rémunérations, exposition massive aux pesticides, etc. Les petits cultivateurs, quant à eux, subissaient des conditions commerciales extrêmement défavorables. Il en allait de même pour les atteintes portées aux écosystèmes.

Face à l'indifférence manifeste des sociétés bananières, l'ONG néerlandaise Solidaridad, fondatrice du label Fairtrade/Max Havelaar, décida de prendre elle-même en charge l'importation des bananes et créa Agrofair. Cette initiative permit l'introduction sur le marché européen des premières bananes équitables sous la marque EKO, puis des bananes biologiques et équitables EKO Oké. C'est lorsque la chaîne de supermarchés suisse COOP fit le choix, à partir de 1997, de privilégier les bananes certifiées équitables dans ses magasins qu'une véritable percée fut réalisée. Aujourd'hui, 90 % des bananes vendues chez COOP sont certifiées équitables.

Désormais, les producteurs sont les uniques propriétaires d'Agrofair. Ils commercialisent des bananes certifiées Rainforest Alliance sous la marque Latin Pride, des bananes certifiées Fairtrade Max Havelaar sous les marques Oké et Oké Organic, ainsi que, sous la marque Oké All Good, des bananes biologiques équitables garantissant un salaire vital aux producteurs, la neutralité carbone et la préservation de la biodiversité.

CTM Agrofair, issue de la collaboration entre CTM, acteur majeur du commerce équitable en Italie, et Agrofair, s'intéresse particulièrement au marché italien. CTM Agrofair distribue également des citrons, des avocats, du gingembre et du curcuma.

Enfin, Agrofair South, fondée en 2009, assure la liaison entre les producteurs du Sud (Équateur, Pérou, Nicaragua, Panama) et le marché international, tout en garantissant un accompagnement technique et un contrôle rigoureux de la qualité au départ de chaque conteneur.

7.3 Le cacao

Le cacao occupe une place centrale dans le commerce international : c'est la matière première essentielle pour la fabrication du chocolat. C'est aussi le troisième produit le plus important du commerce équitable en termes de tonnage.

Année	Production mondiale	Superficie cultivée	Rendement (t/ha)
2019	5 520 075	11 531 146	0,48
2020	5 606 584	11 722 785	0,48
2021	5 759 895	11 981 268	0,48
2022	5 602 559	11 656 975	0,48
2023	5 600 100	11 654 929	0,48

Tableau 14: Cacao : production et superficie cultivée

Les Olmèques, les Mayas et les Aztèques cultivaient le cacaoyer. Ils consommaient le cacao sous forme d'une boisson épaisse appelée xocoatl. Par ailleurs, les fèves de cacao servaient également de monnaie et étaient offertes aux divinités. C'est Hernán Cortés qui introduisit le cacao en Europe. Par la suite, les Portugais implantèrent le cacaoyer en Afrique de l'Ouest au XVIe siècle. Dès le XIXe siècle, la demande européenne ne cessa de croître, poussant les colons à étendre les plantations, ce qui fit de l'Afrique de l'Ouest la principale région productrice de cacao.

7.3.1 De la cabosse à la tablette de chocolat

La transformation du cacao en tablette de chocolat est un processus complexe mobilisant des acteurs très divers : producteurs, coopératives, exportateurs, broyeurs, chocolatiers.

Le cacaoyer produit des cabosses contenant les fèves de cacao enveloppées de mucilage. Entre 80 et 90 % de la production mondiale de cacao est assurée par de petits producteurs. D'abord, ces derniers ouvrent les cabosses à la machette, puis les fèves sont mises à fermenter quelques jours pour éliminer le mucilage et développer les arômes. La qualité de cette étape, souvent prise en charge par les coopératives, est déterminante pour le profil aromatique du cacao. Ensuite, après séchage et tri, de grands industriels prennent le relais pour la torréfaction, le broyage et le pressage des fèves, séparant ainsi le beurre de cacao de la pâte. Enfin, les chocolatiers réalisent les dernières opérations : conchage de la pâte de cacao avec ajout éventuel d'ingrédients (lait, noisettes, etc.), tempérage (chauffages et refroidissements successifs pour obtenir un aspect lisse et brillant), moulage et emballage avant distribution.

7.3.2 Le cacao : un marché mondial

Aujourd'hui, la Côte d'Ivoire et le Ghana assurent à eux seuls plus de la moitié de la production mondiale de cacao. Les huit principaux pays producteurs fournissent plus de 90 % de la production totale.

Pays	Production (Tonnes)	Part %	Part cumulée
Côte d'Ivoire	2 230 000	38 %	38 %
Ghana	1 108 663	19 %	57 %
Indonésie	667 296	11 %	68 %
Équateur	337 149	6 %	74 %
Cameroun	300 000	5 %	79 %
Nigéria	280 000	5 %	84 %
Brésil	273 873	5 %	88 %
Pérou	171 177	3 %	91 %

Tableau 15: Plus gros producteurs de cacao

Forts de leur poids dans la filière, la Côte d'Ivoire (via le Conseil Café Cacao, CCC) et le Ghana (à travers le Cocoa Board) ont instauré en 2019, en concertation avec les principaux acteurs du secteur, un Différentiel de Revenu Décent (DRD) de 400 dollars par tonne de cacao.

Toutefois, malgré cet accord, les multinationales recourent à diverses stratégies (différentiel d'origine négatif, achats en bourse plutôt qu'auprès des producteurs, etc.) pour limiter l'application effective de ce DRD. Ce dernier demeure chaque année une source de tension entre les États et les multinationales. Ainsi, lors de la campagne cacaoyère 2022/2023, les organismes publics ont été contraints d'annuler partiellement le DRD.

La production de cacao, très concentrée au niveau des États, est réalisée par une multitude de petits producteurs. On estime qu'ils sont 5 à 6 millions dont plus de 90 % sont de petits exploitants cultivant moins de 5 ha[154].

Selon les autorités ivoiriennes, plus de 50 % des producteurs de cacao vivent en dessous du seuil de pauvreté. Ce constat justifie pleinement la mise en place du DRD, même à titre provisoire. Le problème fondamental demeure toutefois la part du producteur dans la chaîne de valeur du chocolat, qui n'est que de l'ordre de 5 à 7 %, ce qui est manifestement insuffisant.

Une étude[155] commandée par le département du Travail des États-Unis et réalisée par le National Opinion Research Center (NORC) de l'Université de Chicago révèle que près de 1,5 million d'enfants sont exploités dans la production de cacao en Côte d'Ivoire et au Ghana. Elle précise que 45 % des enfants vivant dans les zones de culture sont concernés et que la grande majorité d'entre eux est exposée à des tâches dangereuses telles que l'utilisation d'outils tranchants ou le port de charges lourdes.

La majeure partie des fèves de cacao est transformée en chocolat. Ce produit est toutefois très peu consommé dans

---

154 https://cacao.ci/

155 Rapport Final de NORC : Évaluation des progrès accomplis dans la réduction du travail des enfants dans les régions productrices de cacao de Côte d'Ivoire et du Ghana

les principaux pays producteurs mais dans les pays du Nord.

Rang	Pays	Volume estimé (milliers de tonnes/an)
1	États-Unis	1 300 - 1 500
2	Allemagne	650 - 750
3	Royaume-Uni	500 - 600
4	France	300 - 380
5	Russie	250 - 300
6	Brésil	200 - 250
7	Japon	200 - 250
8	Italie	180 - 220
9	Espagne	150 - 180
10	Canada	120 - 150

Tableau 16: Pays les plus gros consommateurs de chocolat

Les chiffres de la consommation par habitant sont encore plus significatifs d'une production au Sud pour une consommation au Nord, caractéristique d'une culture de rente.

Rang	Pays	Consommation par habitant (kg/an)
1	Allemagne	11
2	Suisse	10
3	Autriche	9
4	Estonie	8,8
5	Royaume-Uni	8,1
6	Norvège	7,8
7	France	7,3
8	Pays-Bas	7,1
9	Suède	6,6
10	Belgique	6,1

Tableau 17: Les plus gros consommateurs de chocolat par habitant

On retrouve ces pays parmi les principaux importateurs de fèves de cacao.

Pays	Cacao, fèves
Royaume des Pays-Bas	898 771
Malaisie	533 013
Allemagne	435 293
Belgique	325 919
Indonésie	276 683
États-Unis d'Amérique	269 073
France	147 057
Canada	125 999
Turquie	120 517
Italie	101 266

Tableau 18: Plus gros importateurs de fèves de cacao

On peut s'étonner de constater que des pays comme l'Indonésie (également grand producteur), la Malaisie ou la Turquie (non producteurs) figurent parmi les principaux importateurs tout en étant de faibles consommateurs de chocolat. Cela s'explique par leur rôle majeur dans la transformation : l'Indonésie et la Malaisie sont d'importants broyeurs, tandis que la Turquie bénéficie du dynamisme de son industrie de la confiserie et d'accords commerciaux avantageux avec les pays africains.

Si la production des fèves de cacao est assurée par 5 à 7 millions de petits producteurs, la transformation en chocolat est, quant à elle, très concentrée. Cinq acteurs se partagent 75 % du broyage du cacao :

- Barry Callebaut, entreprise belgo-suisse basée à Zurich, leader du secteur avec des usines en Côte d'Ivoire, en Indonésie, en Malaisie et Belgique (site historique de Wiese, la plus grande chocolaterie du monde), détient 15 à 20 % du marché.
- Cargill, entreprise américaine basée à Minneapolis, possède des usines de broyage dans les principaux pays producteurs et consommateurs (Côte d'Ivoire, Ghana, France, Belgique, Pays-Bas, Indonésie, Brésil) et représente environ 12 à 15 % du marché.
- Olam, entreprise singapourienne, dispose d'usines en Côte d'Ivoire, Indonésie, Malaisie, États-Unis, Europe de l'Ouest et Canada, assurant 13 à 16 % du broyage mondial.
- Guan Chong Berhad (GCB), société malaisienne basée à Johor, possède des usines en Malaisie, Indonésie, Côte d'Ivoire, États-Unis, Allemagne et Royaume-Uni.
- Bloomer, entreprise américaine basée à Chicago, dessert principalement le marché nord-américain, avec des usines en Illinois, Californie, Pennsylvanie, Ontario (Canada) et une en Chine.

Le marché mondial de la fabrication du chocolat est également dominé par cinq groupes :

- Barry Callebaut, premier producteur mondial de chocolat et de produits à base de cacao, qui ne vend pas au consommateur final.
- Mars Incorporated, conglomérat américain commercialisant notamment M&M's, SNICKERS, TWIX, MILKY WAY et COCOAVIA .
- Mondelez International, société américaine propriétaire des marques Milka, Côte d'Or, Toblerone.
- Ferrero, groupe italien détenteur des marques Nutella, Kinder Ferrero Rocher et Mon Chéri.
- Nestlé, groupe suisse moins spécialisé dans le chocolat mais propriétaire de KitKat, Lion, Galak, Menier, Lanvin, Nuts

Face à cette concentration industrielle, de nombreux artisans chocolatiers achètent eux-mêmes leur fèves et développent des chocolats de haut de gamme.

7.3.3 Cacao équitable – cacao durable

Comme pour le café ou les bananes, Fairtrade International et Rainforest Alliance publient chaque année des données sur le cacao équitable ou durable. Dans les tableaux ci-après, les quantités sont exprimées en tonnes et les superficies en hectares.

Année	2017	2021
Production	428 053	699 234
Part de la production	8,2%	12,1%
Vente mondiale	214 425	241 455
Vente/production	50,1%	34,5%
Superficie	1 170 612	1 523 686
Part de superficie	10,2%	12,9%
Rendement (t/ha)	0,37	0,46
Nombre de fermiers	263 825	457 347
Part des femmes	18 %	16 %
Nombre de salariés	0	0

Tableau 19: Cacao certifié équitable par FTI

Contrairement au marché de la banane, mais à l'instar du café, FTI ne certifie pas le cacao issu de plantations, lesquelles restent peu nombreuses. On constate que, si la part de la production sous label équitable est significative, la proportion de cacao effectivement vendue selon ce mode demeure insuffisante et a fortement diminué entre 2017 et 2021. À l'inverse, le cacao labellisé durable, qui peut provenir de plantations, est davantage vendu selon les critères du label que le cacao équitable

Année	2017	2021
Production	457 082	318 747
Part de la production	8,7%	5,5%
Vente mondiale	184 988	180 794
Vente/production	40 %	57 %
Superficie	740 882	517 431
Part de superficie	6,4%	4,4%
Rendement (t/ha)	0,62	0,62
Nombre de fermiers	206 096	157 167
Nombre de travailleurs		20 246

Tableau 20: Cacao certifié durable par Rainforest Alliance

Année	2017	2021
Production	1 449 882	1 093 466
Part de la production	27,7%	18,9%
Vente mondiale	1 166 649	843 492
Vente/production	80,5%	77,1%
Superficie	2 706 596	2 043 873
Part de superficie	23,5%	17,3%
Rendement (t/ha)	0,54	0,53
Nombre de fermiers	7 444 778	653 060
Nombre de travailleurs	21 781	20 785

Tableau 21: Cacao certifié durable par UTZ

Le cacao est le produit pour lequel la part de certification équitable ou environnementale est la plus élevée. Selon un rapport du Basic publié le 30 juin 2020[156], cette part atteint 30 % de la surface cultivée et 2,1 millions de tonnes produites, soit 40 % de la production mondiale.

156 BASIC, *Étude comparative de la répartition de la valeur ajoutée au sein des filières européennes de cacao-chocolat*, 30 juin 2020.

Cette même étude indique que la certification biologique associée à la certification équitable « permet une meilleure valorisation du travail des producteurs », mais qu'elle ne concerne qu'une minorité de cacaoculteurs. En revanche, les certifications UTZ/Rainforest et Fairtrade, lorsqu'elles ne sont pas associées à une certification biologique, « semblent être avant tout utilisées comme des « permis d'exploitation » par de multiples marques et distributeurs ».

7.3.4 Cacao et changement climatique

Le cacaoyer exige des conditions écologiques précises pour prospérer[157] :

- Plus de 1 300 mm de pluie par an, bien répartis, avec des périodes sèches inférieures à trois mois
- Une température journalière moyenne comprise entre 24 et 28 °C
- Une humidité relative de 80 à 90 %.
- Une durée d'ensoleillement quotidienne supérieure à quatre heures
- Un sol profond, aéré et drainé, riche en argile et en humus.

Ces conditions sont profondément perturbées par le changement climatique, ce qui affecte fortement les rendements des plantations. Le cacao devient plus rare et son prix augmente considérablement, sans pour autant améliorer la situation des producteurs. Ainsi, dans une lettre adressée à ses clients le 1er septembre 2024, la société Valrhona indique que des événements climatiques extrêmes (sécheresses et inondations) ont entraîné de mauvaises récoltes, notamment en Afrique de l'Ouest, et une hausse du cours du cacao de 400 % en 21 mois.

157 Pauline Agoh DIBI KANGAH, Kodjenini Augustin MIAN, *Analyse agroclimatique de la zone cacaoyère en Côte d'Ivoire*, Revue de Géographie de l'Université Ouaga I Pr Joseph KI-ZERBO, N°5, Vol 2, octobre 2016

Si la culture du cacao est fortement impactée par le changement climatique, elle y contribue également. La base de données Agribalyse de l'ADEME indique que le chocolat noir en tablette a une empreinte carbone de 16,88 kg CO2e/kg de chocolat, contre 9,99 kg CO2e/kg pour le café et 0,61 kg CO2e/kg pour le sucre blanc. Plus globalement, le score unique d'impact PEF d'une tablette de chocolat noir à 70 % de cacao est en moyenne de 0,879 mPt/kg de produit, dont 88,5 % sont dûs à la culture du cacao, 4,9 % à la transformation et 5 % aux transports. La déforestation joue un rôle majeur dans ce score. Selon l'agence de presse ECOFIN, la Côte d'Ivoire a déforesté, en vingt ans, l'équivalent de la surface du Rwanda pour accroître sa production de cacao, soit environ 2,4 millions d'hectares[158]. Le même article souligne la faible traçabilité du cacao : moins de 45 % des exportations ivoiriennes peuvent être retracées jusqu'à la coopérative de production.

Les grands groupes chocolatiers ont lancé des programmes visant à accroître la traçabilité du cacao et à lutter contre la déforestation, à l'image du programme Cocoa Life de Mondelez International. À ce jour, les résultats demeurent limités.

Il convient de noter que, bien que les émissions de CO2e du chocolat soient nettement supérieures à celles du café moulu (16,88 kg CO2e/kg contre 9,99 kg CO2e/kg), le score PEF reste inférieur (0,879 mPt/kg contre 1,84 mPt/kg). Le calcul du PEF n'a pas encore été réalisé pour une tablette de chocolat biologique et équitable, mais tout porte à croire qu'il serait nettement inférieur.

---

158 ECOFIN, *En 20 ans, la Côte d'Ivoire a déforesté l'équivalent de la surface du Rwanda pour produire toujours plus de cacao*, 12 avril 2023 modifié le 18 avril 2023

7.3.5 Fairafric : Prise d'une part plus importante de la valeur ajoutée

Fairafric est une entreprise sociale germano-ghanéenne qui ambitionne de révolutionner la chaîne de valeur du chocolat. Fondée par Hendrik Reimers, elle est née d'un constat frappant : bien que 75 % du cacao mondial provienne d'Afrique de l'Ouest, moins de 1 % du chocolat y est effectivement produit.

En 2016, Hendrik Reimers lance sa première campagne de financement participatif et propose les premiers chocolats Fairafric, fabriqués au Ghana. En 2020, l'entreprise obtient un prêt de 2 millions d'euros de la DEG, la banque allemande de développement, venant compléter des obligations souscrites par plus de 2 000 investisseurs privés ainsi que des prêts remboursés en chocolat. Grâce à ces fonds, Fairafric construit une usine de fabrication de chocolat biologique à Amanase, à environ 60 kilomètres au nord d'Accra. Cette usine, dotée d'une capacité de 50 millions de tablettes de chocolat par an (dont seule une fraction est actuellement exploitée), emploie aujourd'hui une centaine de personnes.

L'usine fonctionne à l'énergie solaire, et tous les emballages sont entièrement recyclables, sans plastique ni aluminium. Les émissions de CO2 inévitables sont compensées par un programme de reforestation au Togo. Amanase accueille également la première école formelle de chocolat du Ghana.

Fairafric rémunère le cacao à un prix en moyenne trois fois supérieur à celui du cacao conventionnel. Les employés de l'usine perçoivent un salaire au moins égal à quatre fois le salaire minimum national, assorti d'un droit à la retraite et d'une assurance santé. Ils bénéficient d'un transport en autobus pour les trajets domicile-travail ainsi que d'un repas gratuit.

Fairafric s'inscrit dans une nouvelle étape du commerce équitable : l'ensemble du processus de transformation est réalisé dans la région d'origine de la matière première, permettant ainsi de capter localement une part bien plus importante de la valeur ajoutée.

7.4 Les produits non alimentaires dans le commerce équitable

En France, les produits non alimentaires représentent une part modeste du commerce équitable, soit environ 5 % des ventes totales. Au sein de ce segment, la répartition est la suivante : cosmétiques (30 %), textile (27 %), fleurs (18 %), dérivés de plantes (13 %), tourisme (9 %) et artisanat (2 %)[159]. Cette faible part s'explique notamment par la concurrence des produits industriels, souvent moins chers. En Suisse, c'est encore moins puisque les produits non-alimentaires ne représentaient en 2023 que 1,5 % du chiffre d'affaires global[160]. A l'opposé, en Allemagne, les produits non alimentaires représentent 18 % du volume total des ventes du commerce équitable. Les textiles en particulier ont connu une augmentation de leur part de marché, grâce à la demande croissante de vêtements éthiques et durables[161].

Si aujourd'hui les produits alimentaires dominent le commerce équitable, c'est pourtant l'artisanat qui en a été le précurseur, particulièrement au sortir de la Seconde Guerre mondiale. Les premières initiatives de commerce équitable reposaient sur des relations directes entre

---

159 Commerce équitable France, Observatoire du commerce équitable, 2024.

160 Swiss Fair Trade, *Chiffre d'affaires en Suisse, Le niveau reste élevé*, 2024

161 Forum Fairer Handel, *Umsatz- und Absatzzahlen des Fairen Handels in Deutschland*, 2024

organisations du Nord et producteurs du Sud, favorisant la valorisation des cultures traditionnelles et l'autonomie des communautés. En France, la majorité des ventes d'artisanat équitable s'effectue dans des boutiques spécialisées, mais aussi lors de foires, salons, festivals et sur des sites de vente en ligne. Le réseau des boutiques Artisans du Monde demeure le principal acteur de ce commerce.

L'artisanat équitable joue un rôle économique et social fondamental pour près de 70 000 artisanes et artisans au Sud, auxquels il faut souvent ajouter les membres de leur famille. Il contribue à la préservation des savoir-faire locaux, à la transmission culturelle et au développement communautaire, chaque objet portant l'empreinte d'un savoir-faire transmis de génération en génération. Mais il se heurte à la concurrence des produits manufacturés à bas coût.

8 État des lieux du commerce équitable

Bien que le commerce équitable ne représente qu'une petite fraction du commerce mondial — environ 1 à 2 % selon les filières —, il joue un rôle déterminant pour des millions de producteurs, travailleurs, organisations et consommateurs à travers le monde. Au-delà des volumes, ce modèle transforme durablement les conditions de vie et de travail de ses parties prenantes.

8.1 Les données chiffrées du commerce équitable

Les organismes de certification et les coordinateurs nationaux fournissent des données précises, bien que celles-ci ne puissent être additionnées simplement, car de nombreuses organisations bénéficient de plusieurs certifications. La mise à jour de ces chiffres est facilitée par la transparence des sources citées.

8.1.1 Les producteurs du commerce équitable

Fairtrade International estime qu'en 2021, 2 028 649 personnes travaillaient dans des organisations certifiées, dont environ 1 846 787 fermiers et 181 862 salariés de plantations, répartis dans 1 930 organisations présentes dans 70 pays.

Fair Trade USA certifie 1,6 million de travailleurs dans plus de 50 pays et recense plus de 12 500 produits labellisés. Les bénéfices financiers générés par les fonds de développement communautaire dépassent un milliard de dollars.

Fair for Life fédère plus de 600 entreprises et organisations certifiées dans plus de 80 pays, impactant directement 260 000 producteurs et travailleurs et générant près d'un milliard d'euros de ventes[162].

Le SPP revendique 129 organisations de petits producteurs, près de 100 000 familles dans 28 pays producteurs[163].

La WFTO est active dans 84 pays, touchant plus d'un million de personnes[164].

En France, Agri-éthique regroupe 1 858 exploitations, 21 collectifs de producteurs, 49 industriels partenaires et 1 000 boulangeries, représentant 70 % du commerce équitable « origine France »[165]. Le label Bio équitable en France fédère 43 groupements, près de 5 000 fermes et 60 transformateurs et distributeurs[166]. L'ATES rassemble 35 producteurs de voyages et 17 structures françaises labellisées Tourisme équitable[167].

Globalement, l'Observatoire du commerce équitable recense 2 700 organisations de producteurs à travers le monde, représentant près de 3 millions de familles, soit environ 15 millions de personnes[168]

Ces chiffres sont considérables, mais doivent être relativisés : l'ONU recense 866 millions de personnes travaillant dans l'agriculture sur 4,74 milliards d'hectares[169]. Ainsi, le commerce équitable ne concerne que 0,3 % des travailleurs agricoles mondiaux.

---

162 Fair for Life, *Nos impacts*, 2024

163 SPP, *Declaración pública XII Asamblea General*, 22 février 2024

164 WFTO, *Who we are*

165 Agri-éthique, *Le commerce équitable agri-éthique*

166 Bio équitable en France, *Nos adhérents*

167 ATES, *Nos membres*

168 Commerce équitable France, Observatoire du commerce équitable

169 ONU Info, *Plus de 866 millions d'agriculteurs et paysans nourrissent le monde (FAO)*, 12 décembre 2022

D'autres chiffres illustrent l'impact du commerce équitable[170] : ainsi, 19,7 milliards de tasses de café équitable sont consommées chaque année (2016). Pourtant, à l'échelle mondiale, cela ne représente que 6 jours de la consommation totale de café, selon les statistiques du journal *Le Parisien*.

8.2 Le chiffre d'affaires du commerce équitable

Les ventes mondiales de produits du commerce équitable représentent autour de 9 à 10 milliards d'euros. Les produits labellisés Fairtrade dépassent 5 milliards d'euros et la prime versée aux organisations de producteurs s'est élevée à près de 202 millions d'euros, soit plus de 100 000 euros en moyenne par organisation[171].

Par pays, aux USA, Fair Trade USA annonce un marché évalué à 1,2 milliards de dollars en Amérique du Nord et a distribué 81 millions de dollars (primes incluses) aux producteurs.

En Europe, l'Allemagne affiche un chiffre d'affaires de 2,34 milliards d'euros (+7,3 % en 2022), soit 27,61 € par habitant[172]. En Suisse, le commerce équitable a généré un chiffre d'affaires de 1,044 milliards de francs suisses en 2023, en progression de 5,5 % par rapport à l'année précédente. La consommation atteint 116 CHF par personne, un record mondial[173], suivi du Luxembourg (79 € et même 85 € en 2024)[174] et de la Belgique (34 €)[175].

170 info.fairtrade.net/fr/impact

171 Ce sont les valeurs publiées en 2024

172 Forum Fairer Handel, *Umsatz- und Absatzzahlen des Fairen Handels in Deutschland*, 2024

173 Swiss Fair Trade, *Chiffre d'affaires en Suisse, Le niveau reste élevé*

En France, en 2024, les ventes progressent de 25 % pour atteindre 2,65 milliards d'euros, principalement grâce aux filières françaises (+65 %, soit 1,31 milliard d'euros), qui rattrapent les filières internationales (+1 %, soit 1,34 milliard d'euros)[176].

Si l'on compare ces chiffres à ceux du commerce global, le commerce équitable reste marginal : en 2018, il représentait moins de 1 pour 1 000 du commerce global en France. Cela signifie que pour 1 000 euros dépensés, moins de 1 euro concernait le commerce équitable. Toutefois, la progression est remarquable : en 2021, le commerce mondial a doublé par rapport à 2005, le commerce français a progressé de 34 %, tandis que le commerce équitable a été multiplié par dix.

En France, 95 % du commerce équitable concerne des produits alimentaires. Dans les filières internationales, le café domine (36 % en valeur), suivi du chocolat (20 %), des bananes (18 %) et de l'épicerie sucrée (7 %). Pour les filières françaises, la boulangerie-viennoiserie arrive en tête (38 %), suivie de l'épicerie salée (30 %) et des produits laitiers (10 %). Les grandes et moyennes surfaces assurent 47 % de la distribution, devant les magasins spécialisés bio et équitables (21 %)[177].

En résumé, le commerce équitable constitue une niche dynamique, en constante progression, mais dont la généralisation reste un objectif lointain.

---

174 Guillaume Oblet, *Le commerce équitable toujours au top au Luxembourg*, Le Quotidien indépendant luxembourgeois, juillet 2025

175 Enabel, Commerce équitable : les Belges tiennent toujours plus compte du prix dans leurs choix de consommation

176 Commerce équitable France, Observatoire du commerce équitable

177 Ibidem

8.3 Les autres apports du commerce équitable

Bien que marginal à l'échelle du commerce mondial, le commerce équitable a un impact déterminant sur les conditions de vie de millions de producteurs, travailleurs, communautés et consommateurs. Il contribue également à la préservation de l'environnement.

8.3.1 Avantages pour les travailleurs

Au-delà des chiffres, il convient d'évaluer l'impact réel du commerce équitable sur la vie des petits producteurs.

Les avantages pécuniaires

Les témoignages recueillis par les ONG soulignent l'amélioration des revenus, des conditions de travail, de l'organisation et de la dignité. Ces récits sont corroborés par des évaluations indépendantes menées par des chercheurs et des experts.

Ainsi, l'EFTA a commandé en 2013 une étude sur les salaires et prix versés par ses membres[178], aboutissant à la « politique de paiement équitable » de la WFTO, qui s'appuie sur un calculateur de salaire vital local et une échelle salariale de subsistance.

Fairtrade International met l'accent sur la prime Fairtrade, versée aux organisations de producteurs. Une étude participative[179] menée en 2017 et 2018 par l'Université Paris-Est indique que 52 % de la prime est utilisée pour des services individuels aux agriculteurs et

---

178 Peter Williams, *Fair Wages & Fair Prices*, European Fair Trade Association, avril 2013

179 Allison Marie Loconto et al. *Participatory Analysis of the Use and Impact of the Fairtrade Premium*, Laboratoire Interdisciplinaire Sciences Innovations Sociétés (LISIS) UMR ESIEE Paris – INRA – UPEM No1326 / FRE CNRS No3705, 2019

35 % pour des investissements dans les organisations. Cela montre que les revenus issus du commerce équitable restent insuffisants pour couvrir les besoins d'investissement. Le rapport annuel de 2023 de Fairtrade International précise que, pour les plantations de bananes, 70 % du salaire minimum vital doit désormais être versé à tous les travailleurs, et jusqu'à 30 % de la prime peut compléter les salaires. Ce même rapport signale à l'inverse qu'une étude menée sur les revenus de 1 200 ménages dans 6 coopératives de cacao ivoiriennes certifiées FTI indique qu'ils ont vendu près de la moitié de leur cacao au prix de référence et que 18 % des agriculteurs participants avaient un revenu égal ou supérieur au revenu vital.

Autres avantages

Au delà du problème des revenus, FTI a publié en 2023 un rapport sur le devoir de vigilance du commerce équitable[180], a lancé une carte des risques[181] liés aux droits de l'homme et à l'environnement et montré comment le commerce équitable atténue ces risques.
De plus, FTI fait réaliser régulièrement des évaluations externes des projets qu'il porte et publie ces études[182]. Ainsi, le projet de « Renforcement des capacités des OP de cacao en Côte d'Ivoire dans la gestion de leur système de gestion interne » a été analysé par African Consultants[183] en 2023. Cette analyse a conclu que les résultats du projet sont positifs malgré la difficulté qu'ont les producteurs de cacao à vendre leur cacao à prix équitable. De même, le

180 Fairtrade Interenational, *Supporting shared responsibility Fairtrade's Human Rights and Environmental Due Diligence Report 2023*, décembre 2023

181 https://riskmap.fairtrade.net/

182 https://maxhavelaarfrance.org/publications/etudes-dimpact

183 African Consultants, *Capitalisation du projet de « Renforcement des capacités des OP de cacao en Côte d'Ivoire dans la gestion de leur système de gestion interne »*, 2023

projet « L'école de leadership des femmes » a été évalué en 2022 par l'association « Prospective et Coopération »[184]. Cette étude révèle un véritable effet positif de cette action sur l'estime de soi et la capacité de leadership des femmes impliquées. Par contre elle n'a pas pu mesurer ni les répercussions de nature politique ni un effet « diffus » au niveau communautaire. De plus, la relation de pouvoir entre les femmes et les hommes demeure proche de ce qu'elle était.

Toutes les études commandées par les organisations ont des conclusions nuancées et elles se terminent toujours par des pistes d'amélioration. Ces propositions sont généralement suivies d'effet.

Des études universitaires indépendantes confirment ces nuances. Une revue de la littérature scientifique (Oya, Schaefer, Skalidou, 2018) note des effets positifs sur les prix et revenus de vente, mais peu d'impact sur les revenus des ménages ou les salaires des employés[185]. D'autres recherches, menées en Côte d'Ivoire et en Équateur, confirment que le commerce équitable améliore les salaires et réduit la pauvreté parmi les travailleurs des

---

184 Brigitte Bagnol et al. *Évaluation de l'impact du programme « L'école du leadership des femmes » mené par Fairtrade Africa*, Prospective Coopération Laboratoire d'idées, novembre 2022

185 Carlos Oya, Florian Schaefer, Dafni Skalidou, *The effectiveness of agricultural certification in developing countries: A systematic review*, World development, Vol 112, Pages 282 à 312, Décembre 2018

coopératives, mais pas nécessairement parmi l'ensemble des travailleurs agricoles[186] [187] [188] [189].

Dans le secteur du café, il est démontré que le commerce équitable offre des opportunités économiques favorables aux petits exploitants organisés, sans toutefois suffire à les sortir de la pauvreté. Il favorise également l'autonomisation des producteurs et le renforcement de leurs capacités de négociation[190].

En ce qui concerne l'éducation des enfants, les projets communautaires restent minoritaires et seuls les agriculteurs certifiés bénéficient des projets d'éducation financés par cette prime[191].

Malgré ces résultats, il arrive que la législation locale offre de meilleures garanties que la certification équitable, notamment en matière de conditions de travail et de droits

---

186 Grace Carolina Guevara-Rosero, Katherine Monge, Henry Yánez, Marcela Guachamín et Javier Flor, *The impact of fair-trade certifications in social and solidarity economy organizations in Ecuador,* Regional Science Policy & Practice, 24 avril 2024.

187 Eva-Marie Meemken & Jorge Sellare & Christophe N. Kouame & Matin Qaim, *Effects of Fairtrade on the livelihoods of poor rural workers,* Nature Sustainability, Nature, vol. 2(7), pages 635-642, July. 2019

188 Isabel Knößlsdorfer, Jorge Sellare, Matin Qaim, *Effects of Fairtrade on farm household food security and living standards: Insights from Côte d'Ivoire,* Global Food Security, Vol 29, juin 2021.

189 Katharina Krumbiegel, Miet Maertens, Meike Wollni, *The Role of Fairtrade Certification for Wages and Job Satisfaction of Plantation Workers,* World development, Vol 102, Pages 195-212, Février 2018

190 Rijalu Negash, *Impact of Fair-Trade Coffee Certification on Smallholder Producers: Reviewed Paper,* Food Science and Quality Management, 2016

191 Jorge Sellare, *New insights on the use of the Fairtrade social premium and its implications for child education,* Journal of Rural Studies, Vol 94, Août 2022, PP 418-428, Elsevier

sociaux. C'est ce que montre l'étude de Sarah Besky sur une plantation de thé dans le Darjeeling[192].

En somme, le commerce équitable apporte des avancées notables en matière de sécurisation des revenus, d'amélioration des conditions de travail et de structuration collective, mais ses effets restent partiels face à la pauvreté structurelle.

8.3.2 Résultats environnementaux

Les études globales soulignent que les bénéficiaires du commerce équitable, souvent parmi les plus pauvres, sont également ceux qui émettent le moins de gaz à effet de serre. Le rapport annuel 2023 de Fairtrade International met en avant les efforts réalisés pour atténuer le changement climatique, notamment à travers la gestion des déchets, la réduction des matières dangereuses et le soutien à des projets locaux de protection de l'environnement[193].

De son côté, Fairtrade USA, au travers de son programme Fairtrade Certified™, s'appuie sur trois piliers pour que les communautés agissent en faveur de l'environnement et de la lutte contre le changement climatique :

- Les normes Fairtrade Certified™ qui se concentrent sur la gestion, l'élimination et la réduction des déchets, des matières dangereuses et des eaux usées
- L'éducation, le soutien et la responsabilisation des individus qui permettent aux communautés de

192 Sarah Besky, *Can a Plantation be fair ? Paradoxes and Possibilities in Fair Trade Darjeeling Tea Certification*, in Anthropology of Work Review, Vol XXIX, N°1, Society for the Anthropology of Work, Spring, 2008

193 Fairtrade International, *Atténuation du changement climatique*, ImpactMap/Etudes

mettre en œuvre les solutions les plus efficaces vu leur situation particulière

- La prime de commerce équitable qui peut être utilisée pour protéger l'environnement naturel des communautés.

Certaines études indiquent que le commerce équitable peut augmenter l'utilisation d'intrants chimiques, mais que des formations permettent d'en limiter les externalités négatives[194]. D'autres recherches montrent que les producteurs certifiés Fairtrade utilisent moins de pesticides interdits, notamment dans la filière café[195].

Toutefois, une revue scientifique (Opoku) rappelle que la certification ne garantit pas nécessairement des avantages environnementaux évidents et que la formation et l'accompagnement des producteurs restent essentiels pour progresser vers des normes élevées[196] [197].

8.3.3 Influence et plaidoyer

Au-delà de l'impact direct, les organisations de commerce équitable jouent un rôle majeur de plaidoyer pour un commerce plus respectueux de l'homme et de l'environnement. Leur influence dépasse le volume des ventes, comme en témoignent l'évolution des allégations sociales et environnementales sur les produits des grandes marques et les avancées législatives (cf les directives sur

---

194 Jorge Sellare , Eva-Marie Meemken, Matin Qaim, *Fairtrade, Agrochemical Input Use, and Effects on Human Health and the Environment*, Ecological Economics, Vol 176, octobre 2020.

195 Rijalu Negash, *Impact of Fair-Trade Coffee Certification on Smallholder Producers: Reviewed Paper* , Food Science and Quality Management, 2016

196 Opoku, C. H. (2024) *The Role of Certificates and Labels for Cocoa in the Face of Climate Change: A Scientific Review.* American Journal of Climate Change, Vol 13, pp 281-313

197 Dänzer Sonja. *What is fair trade? : An investigation into the ethical foundations of a multifaceted debate*, University of Zurich, Faculty of Arts, 2016.

le devoir de vigilance des multinationales ou sur la déforestation importée ...).

En résumé, le commerce équitable, bien qu'encore marginal dans l'économie mondiale, constitue un levier de transformation sociale, économique et environnementale. Son influence, tant sur les pratiques que sur les politiques, est significative. Toutefois, la généralisation de ses effets suppose une mobilisation accrue des consommateurs, une juste rémunération des producteurs et une adaptation continue aux enjeux écologiques et sociaux contemporains.

9 Les critiques et enjeux

Le commerce équitable, bien qu'il soit porteur de promesses pour les producteurs et les consommateurs, n'échappe pas à de nombreuses critiques. Ce chapitre propose une analyse des principales objections adressées à ce modèle, tout en mettant en lumière ses contradictions internes et les défis auxquels il fait face.

9.1 Critiques principales faites au commerce équitable

La notion même de « commerce équitable » fait l'objet de débats. Selon David Miller[198], il existe un désaccord profond sur les critères qui définissent une pratique commerciale comme étant équitable. La question centrale demeure : le commerce équitable doit-il simplement être un libre-échange sans entraves, ou nécessite-t-il une régulation active pour prévenir les dérives du marché mondial ?

Par ailleurs, Estelle Ferrarese[199] interroge la dimension morale de la consommation éthique. Existe-t-il une obligation morale de lutter contre la pauvreté ? Et, si oui, cela implique-t-il nécessairement l'achat de produits issus du commerce équitable ? D'autres chercheurs soulignent les limites du commerce équitable en matière de lutte contre la pauvreté et de transformation du commerce mondial.

---

198 David Miller, *Fair Trade: What Does It Mean and Why Does It Matter?* CSSJ Working Papers Series, SJ013, Department Politics and International Relations, University of Oxford, novembre 2010

199 Estelle Ferrarese, *Le marché de la vertu – Critique de la consommation éthique*, Problèmes et Controverses, Librairie Philosophique J. Vrin, Paris, 2023

9.1.1 Le commerce équitable et les théories économiques

Les théories néolibérales reposent sur plusieurs postulats :

1. Rationalité des agents économiques : les individus agissent pour maximiser leur utilité ou leur profit.
2. Efficacité des marchés libres : les marchés libres allouent efficacement les ressources. En d'autres termes, en l'absence d'intervention étatique, la "main invisible" du marché (terme d'Adam Smith) permettrait d'atteindre un équilibre optimal pour l'ensemble de la société.
3. Concurrence parfaite : idéal de marché où aucun acteur ne détient le pouvoir de fixer les prix.
4. Liberté de commerce et de circulation des capitaux : le libre-échange permet la spécialisation et maximise la production mondiale.
5. Réduction de l'intervention étatique : l'État doit limiter ses interventions pour garantir l'efficience du marché.
6. Primauté des droits de propriété et des contrats : les droits de propriété bien définis encouragent l'investissement.
7. Théorie du ruissellement : les bénéfices des plus riches finissent par profiter à l'ensemble de la société.

Selon cette vision, le commerce véritablement équitable serait un commerce libre, tandis que toutes les interventions (fixation de prix minimums, normes sociales et environnementales) fausseraient le marché et nuiraient finalement aux producteurs.

Le marché du cacao illustre bien les failles de ce modèle néolibéral :

1. Rationalité limitée : les petits producteurs manquent souvent d'informations et de pouvoir de négociation.
2. Pouvoir de marché : quelques grands groupes dominent la transformation et la distribution, créant des déséquilibres majeurs.
3. Concurrence imparfaite : le marché est oligopolistique, non parfaitement concurrentiel.
4. Accès inégal aux capitaux : les producteurs sont désavantagés face aux grandes entreprises.
5. Nécessité de l'intervention étatique : des mesures de protection sont indispensables pour éviter l'exploitation.
6. Contrats déséquilibrés : les petits producteurs subissent des conditions contractuelles défavorables.
7. Ruissellement non vérifié : les profits restent concentrés chez les acteurs puissants, sans réelle amélioration pour les producteurs.

Les mêmes constats s'appliquent à de nombreux marchés agricoles mondiaux, démontrant l'incapacité du libéralisme à éradiquer la pauvreté ou à préserver l'environnement.

9.1.2 Commerce équitable : éthique et consommation responsable

La consommation éthique : liberté ou illusion ?

Pour Matthias Z Varul[200] le commerce équitable permet au consommateur d'exprimer son identité éthique. Toutefois, Alex Hochuli[201] considère que cette démarche

200 Matthias Z Varul, *Ethical Consumption : the case of fair trade*, Kölner Zeitschrift für Soziologie und Sozialpsychologie, Vol 49, pp 366-385, 2009

201 Alex Hochuli, *Consuming a Moral Economy: The Construction of Fair Trade as a Social Problems Activity* , Mphil Thesis in

transfère toute la responsabilité de la régulation du commerce au consommateur.

Un important dilemme éthique réside dans le fait que le commerce équitable peut exclure ceux qui en ont le plus besoin. En effet, le respect des normes de qualité impose une structure institutionnelle sophistiquée qui n'est pas toujours réalisable par les coopératives ou les petits producteurs. De même, du côté consommateur, le fait de consommer « éthique » dénote une position particulière en termes de classe sociale, d'éducation et/ou de niveau de connaissances.

Estelle Ferrarese[202] présente l'ambition de la consommation éthique comme un remède à ce que Marx a nommé le fétichisme de la marchandise. Il s'agit de faire réapparaître ce qui est masqué dans l'échange, le travail humain et ses rapports sociaux. « Dans la consommation éthique, ne pas oublier est le fruit d'un effort de vertu [...] Le problème est qu'en réalité la lutte contre l'oubli ne se résout pas dans un exercice de conscientisation. Car c'est la forme-échange toute entière [...] qui est responsable du fait que les interactions médiatisées par le marché désamorcent toute intention morale ». Elle va plus loin, affirmant que la consommation éthique, loin de transformer la société, perpétue parfois les structures qu'elle prétend corriger.

Andrew Walton[203] estime, quant à lui, que l'achat équitable n'est pas plus efficace pour lutter contre la pauvreté qu'un don caritatif.

Sociology, University ok Kent at Canterbury, 2013

202 Estelle Ferrarese, *Esquisse d'une théorie critique de la consommation éthique*, Rue Descartes N°103 pp11-26, Paris, 2023

203 Andrew Walton, *Consequentialism, Indirect Effects, and Fair Trade*, Utilitas, 24:1, pp. 126-138, 2012

Limites de l'engagement individuel

L'achat de produits équitables, même généralisé, demeure insuffisant pour changer le monde. Les organisations de commerce équitable doivent donc inciter leurs clients à agir également en tant que citoyens, au-delà du simple geste d'achat.

9.1.3 Commerce équitable : entre concurrence et colonialisme

Accusations de concurrence déloyale

Si la majorité des produits du commerce équitable (café, bananes, cacao ...) ne concurrencent pas directement les productions locales des pays du Nord, il y a quelques exceptions (miel, certains produits artisanaux ...). Certains[204] dénoncent donc une concurrence déloyale vis-à-vis du commerce local. En effet, sur ces quelques produits, la vigilance est de mise pour éviter toute substitution systématiques qui serait de nature à déstabiliser les producteurs locaux. L'intégration de ces producteurs du Nord dans le commerce équitable (commerce équitable Nord/Nord), avec les mêmes exigences, est sans doute un élément de réponse à cette question.

Aujourd'hui, de nombreux points de vente proposent à la fois des produits locaux et des produits équitables, considérant que le combat pour la dignité des producteurs doit être mené au Nord comme au Sud. Ainsi, ils permettent au consommateur responsable de privilégier l'achat « éthique », que le produit vienne du Sud ou du Nord.

---

204 Bruno Clémentin et Vincent Cheynet, *10 objections au commerce équitable*, Institut d'études économiques et sociales pour la décroissance durable, 17 mars 2003

Héritage colonial et ambiguïtés

Le commerce équitable n'est pas exempt d'ambiguïtés historiques : certains chercheurs[205] [206] [207] dénoncent la reproduction de rapports de domination néocoloniaux, notamment à travers le marketing qui oppose le consommateur du Nord au producteur du Sud. Malgré la volonté affichée de rompre avec la charité, des mécanismes de domination persistent.

9.1.4 Les insuffisances dans la lutte contre la pauvreté

- Les revenus générés par le commerce équitable restent souvent insuffisants pour sortir les producteurs de la pauvreté, notamment parce qu'une part limitée de leur production est vendue dans les conditions prévues par le label.
- Le coût de la certification et les exigences d'accès excluent de nombreux producteurs et travailleurs vulnérables.
- Certaines catégories, comme les travailleurs migrants ou à domicile, sont peu prises en compte par les certifications actuelles.

Des initiatives innovantes, telles que le déplacement de la valeur ajoutée au plus près des producteurs, émergent pour renforcer l'impact du commerce équitable.

---

205 Donna Haraway, *Anthropocene, Capitalocene, Plantationocene, Chthulucene : Making Kin*, Environnemental Humanities, Vol 6, PP 159-165, 2015 ;

206 Quijano Aníbal, *Colonialidad y modernidad/racionalidad*, Perú Indígena, vol. 13, n° 29, 1991

207 Malcolm Ferdinand, Mélissa Manglou, *Penser l'écologie politique depuis les Outre-mer français*, Écologie et Politique, N°63, pp 11-26, 2021

9.2 Perception et engagement des consommateurs

L'image du commerce équitable est globalement positive en France et dans le Nord global, mais le passage à l'acte d'achat reste limité par le prix et la disponibilité des produits.

Chez les jeunes adultes européens, le commerce équitable souffre d'un manque de visibilité, de compréhension et de crédibilité. L'engagement se porte davantage sur des enjeux locaux qui concernent l'environnement (espèces menacées par un projet d'aménagement ...), la société (sans-abri, restaurants du cœur …) ou le bien-être animal. Le projet FAIR Future 2[208] vise à renforcer l'éducation au commerce équitable afin de tenter de pallier à ce problème.

Le commerce équitable, bien qu'il ait permis des avancées notables, doit faire face à de nombreux défis : clarification de ses objectifs, inclusion des plus vulnérables, lutte contre les inégalités structurelles et adaptation aux attentes des nouvelles générations. Pour réellement « changer les règles du commerce mondial », il est essentiel que ses acteurs dépassent la simple logique de consommation pour promouvoir une citoyenneté active et engagée.

208 AFD, FAIR Future 2 : L'éducation au commerce équitable pour renforcer la contribution des jeunes à l'Agenda 2030

10 Vers une société équitable

Une société s'organise à partir de principes fondateurs, comme aujourd'hui ceux du libéralisme :

- Liberté individuelle et ses déclinaisons, propriété privée, libre entreprise et libre concurrence
- Primat du marché, considéré comme autorégulateur
- Minimisation de l'état puisque le marché se régule lui-même
- Objectif de maximisation de la croissance économique.

L'*homo œconomicus,* concept résultant de ces principes, est donc égoïste, calculateur et asocial. Nous avons vu au début de cet ouvrage que ce système ne permet pas d'en finir avec la pauvreté, de protéger notre environnement ni de créer un modèle fiable du comportement humain. D'autres théories économiques sont donc apparues pour tenter de mieux prendre en compte la complexité de la *nature humaine*[209]. Ces théories économiques, économie humaniste[210], économie féministe[211] [212], économie verte[213], etc. ont la volonté de

209 J'emprunte ce terme à Anna Horedecka : Horodecka, A. *Komponenty obrazu człowieka w ekonomii* [*Components of the concept of human nature in the economics*], Kwartalnik Historii Mys´li Ekonomicznej, pp 117-139, 2014

210 Lutz, M. A., & Lux, K. *The challenge of humanistic economics,* CA: Benjamin/Cummings. , Menlo Park, 1979

211 Ester Boserup, *Woman's Role in Economic Development,* New York, St. Martin's Press, 271 p, 1970

212 Marilyn Waring, *If Women Counted, a New Feminist Economics,* Harper & Row, New-York, 1988

213 Programme des Nations Unies pour l'environnement (PNUE), *Vers une économie verte : Pour un développement durable et une éradication de la pauvreté – Synthèse à l'intention des décideurs,* pp. 1-2, 2011

prendre en compte plus de dimensions de ce qu'est l'être humain.

Ivan Samson et al.[214] proposent de remplacer le concept d'*homo œconomicus* par celui d'*homo sociabilis.* Ils affirment que « l'homme est avant tout un être social, ayant besoin de communiquer, de relationner avec ses semblables. Naturellement altruiste, il aime être utile aux autres et également être reconnu et apprécié par eux ». Ils ne nient pas que l'être humain a également des comportements égoïstes et asociaux, mais ils considèrent que ce n'est pas le cas général.

Cette approche permet de comprendre ce qui pousse certains à acheter des produits du commerce équitable.

10.1 Le commerce équitable : l'éthique du Care appliquée au commerce

Qu'est ce qui nous conduit à acheter des produits du commerce équitable ? C'est bien un certain regard sur notre société qui nous dit que nous ne sommes ni seuls ni indépendants les uns des autres et que nous devons "prendre soin" les uns des autres. On est ici aux fondements de l'éthique du care telle qu'elle a été définie par Carol Gilligan en 1982 dans son livre *Une voix différente*[215].

L'éthique du care insiste sur trois aspects du soin :

- prendre soin des autres à commencer par les plus faibles
- prendre soin de soi et accepter que les autres prennent soin de nous
- prendre soin de la terre sur laquelle nous vivons

---

214 Ivan Samson, Myriam Donsimoni, Laure Frisa, Jean Pierre Mouko, Anastassiya Zagainova, L'homo sociabilis : la réciprocité, Volume 1, L'Harmattan, Paris, 2019

215 Carol Gilligan, *In a Different Voice*, Harvard University Press, 1982

Le fait de prendre soin des plus faibles n'est pas un phénomène récent pour l'espèce humaine. Les archéologues ont apporté la preuve que des hommes comme l'homme Kiik-Koba d'Olduvai (Tanzanie) ayant vécu il y a 1,8 millions d'années, souffrait d'arthrose et était soutenu par son groupe. De même, dans la sierra de Atapuerca (Espagne) a été trouvé le crâne d'un homme, baptisé Miguelón. Ce crâne daté de 400 000 ans appartenait à un individu mort à environ 35 ans de l'espèce Homo heidelbergensis (ancêtres des Néanderthaliens). Le maxillaire de ce crâne est déformé par une inflammation de l'os causée par une infection sans doute très douloureuse. Il fallait probablement, que son entourage prenne soin de lui en le nourrissant[216].

10.1.1 Prendre soin

Le commerce équitable, comme nous l'avons vu avec les 10 principes du commerce équitable, propose différentes versions du soin :

- La première prescription du commerce équitable, c'est que les premiers acheteurs prennent soin des producteurs en leur payant un prix qui leur permette de vivre dignement mais aussi, par des contrats de longue durée, en créant un véritable partenariat stable dans le temps qui assure une certaine sécurité.
- A l'autre extrémité, on demande aux consommateurs de prendre soin des acteurs de la chaîne commerciale en payant un « prix juste » qui permet à tous les acteurs d'être correctement rémunérés pour leur travail. Cette exigence implique, pour être bien respectée, une transparence des prix tout au long de la chaîne de

216 Cristina de Juana Ortín, *Ayudar al otro fue esencial para sobrevivir en la prehistoria*, The Conversation, 3 mars 2024

valeur. La vente en grande distribution ne respecte pas cette exigence et il reste beaucoup de progrès à faire, y compris pour la certification équitable.

- De plus, le commerce équitable ne se limite pas à ces exigences. Il demande aussi aux producteurs de fournir des produits d'une certaine qualité et de prendre soin de l'environnement : soutien aux démarches vers la certification biologique, interdiction des OGM, démarches de protection de la forêt, de l'eau, etc. Cela se fait souvent dans le cadre des projets collectifs financés par le supplément de prix payé pour cela (prime de Fairtrade International par exemple).

Toutes ces prescriptions impliquent, comme l'indique Michael K. Goodman[217], de « s'appuyer sur l'éthique du care qui habite le commerce équitable [...] Inclure les travailleurs des plantations, les producteurs de produits de moindre qualité et les serveurs de café peut et doit devenir un objectif moral et politisé du commerce équitable [...] Au minimum, cela signifie ne pas perdre la composante politisée de l'éducation du consommateur ».

On peut donc considérer que le commerce équitable repose sur l'éthique du Care appliquée au commerce. Joan Tronto, philosophe américaine définit le Care[218] comme « Activité caractéristique de l'espèce humaine, qui recouvre tout ce que nous faisons dans le but de maintenir, de perpétuer et de réparer notre monde, afin que nous puissions y vivre aussi bien que possible. Ce monde comprend nos corps, nos personnes et notre environnement, tout ce que nous cherchons à relier en un réseau complexe en soutien à la vie ».

---

217 Michael K. Goodman, *Reading fair trade : political ecological imaginary and the moral economy of fair trade food,* Political Geography n°23, pp 891-915, Elsevier, 2004

218 Joan Tronto, *Un monde vulnérable. Pour une politique du Care,* p13, Editions La Découverte, 2009.

Selon Joan Tronto, le Care présente quatre phases :

1. Caring about, « se soucier de » : constater l'existence d'un besoin, reconnaître la nécessité d'y répondre, évaluer la possibilité d'y apporter une réponse. Le commerce équitable identifie, au-delà de la nécessité d'un revenu décent, le besoin de dignité, bien représenté par le slogan « Trade not Aid » au fondement du commerce équitable moderne.
2. Taking care of, « prendre en charge » : agir avec efficacité pour répondre au besoin identifié. L'action par rapport à ces besoins identifiés se situe sur deux plans : d'une part, faire du commerce y compris avec ceux qui n'ont pas accès aux canaux habituels du commerce international, d'autre part, mettre en évidence les injustices créées par ce commerce, faire de la consommation un acte politique et faire pression sur les décideurs (commerçants, politiques, etc.) pour changer les règles du commerce international. La question de l'efficacité de l'action, mise en avant par Joan Tronto se pose pour chacune des actions et la nécessité d'un regard critique et d'une évaluation des actions est toujours présente. Les témoignages des producteurs, les études des chercheurs, montrent qu'il y a une véritable efficacité des actions, même si on peut toujours la considérer comme insuffisante.
3. Care giving, « prendre soin » : rencontrer la personne à travers son besoin. La volonté de toutes les organisations de commerce équitable de raccourcir au maximum les chaînes de valeur, de montrer le visage des producteurs (avec toutes les ambiguïtés marketing de cela) répond à cette question de ne pas priver le produit de son histoire.

4. Care receiveing, « recevoir le soin » signifie être attentif aux réactions de l'autre, seul moyen de savoir si l'action a apporté un résultat. On reconnait que la réussite individuelle ne peut exister sans que d'autres aient pris soin de soi !

Ces réflexions nous conduisent à modifier la définition courte du commerce équitable que nous avions donnée dans l'introduction de cet ouvrage. Le respect n'est sans doute pas suffisant, il y faut de l'action.

Nous proposons donc une nouvelle définition simple du commerce équitable :

Le commerce équitable est un commerce qui prend soin des êtres humains et de la planète qui les héberge.

10.1.2 Quel avenir pour le commerce équitable ?

Le commerce équitable paraît donc pluriel et autour des acteurs certifiés, de nombreuses organisations ont des actions qui se rapprochent de ses prescriptions au niveau social et/ou environnemental. Ce commerce « alternatif » n'a cessé d'évoluer, de quelques ventes militantes d'artisanat, liées à des prises de position politiques et/ou religieuses, jusqu'au développement des rayons alimentaires dans la grande et moyenne distribution.

Dans cette diversité, malgré un contexte économique difficile, le commerce équitable poursuit sa progression. Les consommateurs restent fortement attachés aux critères de respect de l'environnement et de rémunération juste des producteurs, comme l'illustrent les AMAP, les marques « C'est qui le patron ? », Poiscaille et bien d'autres. Ainsi 86 % d'entre eux se disent favorables à la mise en place de prix garantis pour assurer la rémunération des producteurs[219].

---

219 Max Havelaar France, Communiqué de presse, Quinzaine du commerce équitable 2025, mai 2025

Dans ce contexte, la diversification de l'offre apparaît comme un enjeu très important pour la lutte contre la pauvreté. Ainsi, pendant la quinzaine du commerce équitable 2025, Blaise Desbordes, directeur général de Max Havelaar France , après avoir rappelé qu'en France, 20 % des agriculteurs vivent au dessous du seuil de pauvreté, annonce la création d'un observatoire de la rémunération agricole équitable.

La loi Egalim impose aux collectivités locales d'offrir, dans la restauration hors domicile qu'elle gère, 50 % de produits « de qualité », dont des produits issus du commerce équitable. A ce jour, ce chiffre est très loin d'être atteint partout et un effort important devra être fait dans cette direction.

De plus, la sensibilisation du grand public reste un levier majeur. Depuis 2023, une labellisation officielle est obligatoire dès lors qu'un produit porte l'allégation « commerce équitable », afin de garantir des contrôles indépendants et une réelle conformité aux principes du commerce équitable. L'exigence croissante et la surveillance citoyenne sur l'ensemble des labels sont porteuses de plus de cohérence et de transparence, ce qui peut renforcer la confiance à condition que la pédagogie soit au rendez-vous auprès du grand public.

Au sud, des initiatives comme Fairafric créent de la valeur ajoutée sur place, génèrent des emplois qualifiés hors du secteur agricole et multiplie les revenus locaux. En rompant avec le schéma traditionnel « Sud produit, Nord transforme », ces initiatives représentent une voie d'avenir pour le commerce équitable.

Les états et collectivités publics doivent davantage s'impliquer pour le développement de cette forme de commerce, par exemple en imposant le respect des conventions et recommandations de l'Organisation

International du Travail aux entreprises pour commercialiser sur leur territoire.

Conclusion

Le commerce équitable s'est imposé, au fil des décennies, comme l'une des réponses les plus audacieuses et innovantes aux défis mondiaux posés par la pauvreté, les inégalités et la destruction environnementale. Tirant ses racines d'une double culture de l'engagement social et du souci de justice, il a démontré qu'un autre modèle économique est non seulement possible, mais aussi porteur de transformations durables pour les producteurs, les consommateurs et la planète.

Ce modèle, longtemps vu comme marginal ou utopique, a su évoluer à travers la diversification des produits, la professionnalisation des filières, la création de labels et la sensibilisation accrue du grand public. Si son poids relatif demeure encore modeste au regard du commerce global, son rôle de levier, à la fois social, économique et politique, ne peut être sous-estimé.

Les impacts du commerce équitable sont multiples :

- Économiques et sociaux : amélioration des revenus, renforcement des organisations de producteurs, accès à l'éducation, réduction de la précarité.
- Environnementaux : promotion de méthodes de production durables, préservation de la biodiversité, lutte contre la déforestation.
- Sociétaux : émergence d'une citoyenneté active, remise en question des schémas d'exploitation traditionnels, renforcement des liens entre Sud et Nord.

Toutefois, le mouvement n'est pas exempt de critiques ni de limites. Il doit relever de nombreux défis : garantir une réelle transformation structurelle des filières, renforcer l'inclusion des plus vulnérables, assurer la fiabilité et la lisibilité des labels, adapter ses démarches à des contextes locaux diversifiés et accompagner la transition écologique sans omettre l'urgence sociale. À l'heure où la multiplication des crises – climatiques, économiques, démocratiques – provoque des fractures profondes, le commerce équitable peut servir de boussole pour repenser la finalité même de l'échange ; il rappelle que l'économie doit rester au service de l'humain et de son environnement.

L'avenir du commerce équitable dépendra de la capacité de ses acteurs à dépasser la logique de niche, à influencer positivement les politiques publiques, à éduquer largement les consommateurs et à fédérer autour des valeurs de solidarité, de dignité et de respect. C'est en plaçant « le soin des humains et de la planète » au cœur de ses priorités, comme le propose l'éthique du care, que ce modèle prolongera son rôle d'avant-garde et incarnera, demain, une voie crédible vers une économie plus juste, soutenable et humaine.

En définitive, faire le choix du commerce équitable, c'est affirmer qu'un autre monde est possible et que chaque acte d'achat, chaque engagement, chaque politique peut contribuer à le construire. La route est longue, sinueuse, semée d'embûches ; mais elle est aussi riche de sens, d'espoir et de rencontres. C'est la dynamique de ces utopies concrètes qui nous invite à poursuivre, ensemble, la construction d'un commerce vraiment respectueux de tous.

Annexes

Annexe 1 : Parité de pouvoir d'achat (PPA)

Les organismes internationaux ainsi que les acteurs du commerce à l'échelle mondiale éprouvent la nécessité de comparer le pouvoir d'achat des consommateurs d'un pays à l'autre. Or, le taux de change d'une monnaie par rapport à une autre ne saurait répondre adéquatement à cette exigence. En effet, ce dernier exprime avant tout la valeur relative de deux devises sur les marchés financiers internationaux. Selon les cas, un taux de change peut être fixé par rapport à une monnaie de référence – comme le franc CFA arrimé à l'euro –, ou bien adopter un régime flottant à l'image de l'euro par rapport au dollar américain. Alors, il est susceptible de varier sensiblement au fil du temps (parfois même au cours d'une seule journée) et selon le lieu de la transaction. Dans tous les cas, il ne reflète pas fidèlement la capacité d'achat réelle de chaque monnaie pour les consommateurs.

Les économistes ont donc cherché à établir un instrument de comparaison plus pertinent : la parité de pouvoir d'achat (PPA). Celle-ci se définit comme un taux de conversion monétaire permettant d'exprimer en une unité commune les pouvoirs d'achat des différentes devises. Plus précisément, elle mesure le rapport entre la quantité d'unités monétaires requise, dans chaque pays, pour acquérir un même « panier » de biens et de services. Celui-ci regroupe des produits alimentaires (suffisamment pour assurer une nourriture de qualité pour une famille), des équipements et des services (téléphonie, etc.).

Il est important de souligner que ce taux de conversion diffère fréquemment du taux de change, dans la mesure où ce dernier s'intéresse uniquement à la valeur des monnaies sur les marchés financiers, sans intégrer le pouvoir d'achat effectif des consommateurs.

La PPA constitue ainsi un outil privilégié pour procéder à des comparaisons internationales des niveaux de vie et de pauvreté. En utilisant cette méthode, il devient possible d'évaluer plus justement, par-delà les fluctuations monétaires, la situation économique relative des populations à travers le monde.

Cependant, cette méthode présente certaines limites. Elle dépend tout d'abord du choix du « panier » de biens et de services retenu pour la comparaison. En effet, les habitudes de consommation diffèrent sensiblement d'un pays à l'autre : les produits alimentaires, par exemple, varient largement selon les cultures nationales, ce qui rend l'élaboration d'un panier représentatif complexe et souvent discutée. Par ailleurs, le prix d'un même produit peut varier considérablement à l'intérieur d'un même pays, selon qu'il est vendu en milieu urbain ou rural, ou encore dans une région fortement touristique par rapport à une autre moins fréquentée. Ces facteurs doivent être pris en compte dans l'interprétation des résultats fournis par la parité de pouvoir d'achat.

Annexe 2 : Revenu National Brut par habitant

Classification des pays en fonction de leur Revenu National Brut par habitant.

La Banque mondiale actualise chaque année sa classification des économies mondiales selon le Revenu National Brut (RNB) par habitant en utilisant la méthode dite "Atlas". Cette classification, révisée au 1er juillet 2025, distingue quatre catégories :

- Les pays à faible revenu (PFR) ont un RNB par habitant de moins de 1 145 USD. Les PFR sont au nombre de 24, dont une majorité en Afrique Sub-saharienne
- Les pays à revenu intermédiaire tranche inférieure (PRITI) ont un RNB compris entre 1 146 USD et 4 515 USD. Les PRITI sont au nombre de 54
- Les pays à revenu intermédiaire tranche supérieure (PRITS) ont un RNB compris entre 4 516 USD et 13 935 USD. Les PRITS sont au nombre de 55
- Les pays à revenu élevé (PRE) ont un RNB supérieur à 13 935 USD USD. Les PRE sont 84.

Les seuils sont ajustés pour refléter l'inflation et la conjoncture internationale. En 2025, une appréciation du dollar a entraîné une baisse marginale des seuils nominaux, ce qui explique certains mouvements de catégories observés cette année.

Les pays dits « à revenu intermédiaire » représentent toujours plus de la moitié des pays du monde, mais les risques de stagnation (« trappe à revenu intermédiaire ») persistent pour certains, surtout en Afrique

Annexe 3 : Indice de pauvreté multidimensionnelle

L'indice de pauvreté multidimensionnelle a été développé par Sabina Alkire et Maria Emma Santos au Département *Oxford Poverty & Human Development Initiative* de l'Université d'Oxford pour pouvoir prendre en compte diverses dimensions de la pauvreté.

Cet indice repose sur 3 axes d'un poids équivalent : la santé, l'éducation et le niveau de vie.

- La **santé** s'appuie sur deux indicateurs : la mortalité infantile (un enfant est mort dans la famille) et la malnutrition (un membre de la famille est en malnutrition). Chaque indicateur pèse 1/6 de l'indice.
- L'**éducation** est également mesurée par deux indicateurs : les années de scolarité (aucun membre de la famille n'a été à l'école 5 ans ou plus) et la sortie de l'école (un des enfants a quitté l'école avant 8 ans). Chaque indicateur pèse 1/6 de l'indice
- Le **niveau de vie** est calculé à partir de 6 indicateurs : l'électricité (le ménage n'a pas l'électricité), l'eau potable (il n'y en a pas à moins de 30 min de marche), les sanitaires (il n'y en a pas ou ils sont partagés avec d'autres ménages), le sol de l'habitat (le sol est couvert par de la boue, du sable ou du fumier), le combustible pour cuisiner (bois, charbon de bois ou bouse), les biens

mobiliers (pas plus d'un parmi radio, télévision, téléphone, vélo ou moto). Chaque indicateur pèse donc 1/18 de l'indice.

Un individu est considéré comme pauvre dès lors qu'il cumule au moins un tiers des indicateurs.

A partir de 2018, la Banque Mondiale a utilisé deux mesures multidimensionnelles de la pauvreté proches de cet indice.

L'une selon 3 axes de poids équivalents : la pauvreté monétaire, l'éducation (avec les 2 indicateurs décrits ci-dessus à poids égal) et l'accès aux infrastructures de bases (avec pour indicateurs l'accès à l'eau potable, l'assainissement et l'électricité à poids égal).

L'autre selon 5 axes de poids égal : la pauvreté monétaire, l'accès à l'éducation, l'accès aux infrastructures de base (avec les mêmes indicateurs que ci-dessus), la santé : (accouchement en établissement de santé et enfants vaccinés (diphtérie, tétanos, poliomyélite avant 5 ans)) et la malnutrition (enfants et adultes).

Annexe 4 : Travail des enfants

Les définitions de l'UNICEF et de l'OIT

La Convention internationale des droits de l'enfant est un traité international juridiquement contraignant, adopté par l'Assemblée générale des Nations Unies le 20 novembre 1989. Elle a été ratifiée par 196 états. Son premier article définit l'enfant comme « un être humain âgé de moins de dix-huit ans, sauf si la majorité est atteinte plus tôt en vertu de la législation qui lui est applicable ».

L'article 32 de cette Convention reconnaît « le droit de l'enfant d'être protégé contre l'exploitation économique et de n'être astreint à aucun travail comportant des risques ou susceptible de compromettre son éducation ou de nuire à sa santé ou à son développement physique, mental, spirituel, moral ou social ».

Les États ont la responsabilité de fixer « un âge minimum ou des âges minimums d'admission à l'emploi » de prévoir « une réglementation appropriée des horaires de travail et des conditions d'emploi ».

Par ailleurs, L'Organisation internationale du travail définit le travail des enfants :

Toutes les tâches exécutées par des enfants ne doivent pas être considérées comme du travail des enfants qui doit être éliminé. La participation d'enfants ou d'adolescents au-dessus de l'âge minimum d'admission à l'emploi à des travaux qui n'affectent pas leur santé et leur développement personnel, et/ou qui n'interfèrent pas avec leur scolarité, est généralement considérée comme positive. Cela comprend des activités comme aider dans une entreprise familiale ou gagner de l'argent de poche en dehors des heures de classe et pendant les vacances scolaires. Ces types d'activités contribuent au développement des enfants et au bien-être de leur famille; ils leur fournissent des compétences et de l'expérience et les aident à se préparer à devenir des membres productifs de la société lors de leur vie d'adulte.

Le terme travail des enfants correspond à un travail qui est mentalement, physiquement, socialement ou moralement dangereux et nocif pour les enfants ou les prive de la possibilité d'aller à l'école ou les oblige à quitter l'école prématurément ou les oblige à combiner la fréquentation scolaire avec un travail excessivement lourd et long.

Le fait que des formes spécifiques de travail puissent ou non être appelées travail des enfants dépend de l'âge de l'enfant, de la nature du travail effectué, du nombre d'heures de travail effectué, des conditions dans lesquelles il est effectué et des objectifs poursuivis par chaque pays. La réponse varie d'un pays à l'autre, ainsi que d'un secteur à l'autre.

Annexe 5 : Le PEF : Product Environnement Footprint

Score unique d'empreinte environnementale d'un produit

De nombreux pays européens envisagent de rendre obligatoire un affichage environnemental. L'Union Européenne s'est donc emparée du sujet et a proposé une approche uniformisée d'un score environnemental s'appuyant sur une analyse du cycle de vie du produit (matières premières, fabrication, distribution, utilisation, fin de vie).

Le PEF est calculé à partir de 16 catégories d'impacts : le changement climatique, l'acidification, la toxicité humaine, l'eutrophisation terrestre, l'eutrophisation des eaux douces, l'eutrophisation marine, l'écotoxicité des eaux douces, l'émission de particules, le rayonnement ionisant, l'appauvrissement de la couche d'ozone, l'utilisation des terres, la consommation d'eau, l'épuisement des ressources (minéraux et métaux), l'épuisement des ressources en matières fossiles. Le changement climatique est l'impact le plus important dans le calcul du PEF puisqu'il intervient pour un peu plus de 21 %.

Un point de PEF correspond environ à l'empreinte d'un européen en une année. Le score PEF sera donc souvent exprimé en millipoint (mpt) ou en micropoint (µpt).

Ainsi, le PEF prend en compte de façon beaucoup plus globale l'empreinte environnementale d'un produit.

Toutefois, pour un même produit, il est variable d'un pays à l'autre, d'une méthode de culture à l'autre, etc. Ainsi, un café bio cultivé en agroforesterie et transporté par cargo à voile n'aura évidemment pas la même empreinte environnementale qu'un café de plantation, cultivé à grands coups d'engrais et de pesticides et transporté en avion.

La complexité de calcul du score PEF spécifique pour des produits équitables et bio fait que rien n'a été encore réalisé aujourd'hui à ce niveau. On peut penser que l'absence de produits chimiques de synthèse et l'attention portée aux problèmes environnementaux diminuent le score de la partie agriculture du cycle de vie. De plus, la volonté d'utilisation des transports les moins émetteurs de gaz à effet de serre devrait être également favorable mais à ce jour, aucun calcul ne le prouve !

Annexe 6 : Chronologie du commerce équitable

1852	Publication du livre de Josiah Warren Equitable Commerce : A New Development of Principles as Substitutes for Laws and Governments, for the Harmonious Adjustment
±1920	Edna Gleason, pharmacienne en Californie, est surnommée « The mother of Fair Trade »
1942	Création du Oxford Committee for Relief Famine par des universitaires d'Oxford, des quakers et des militants sociaux pour envoyer des vivres aux femmes et enfants de Grèce qui mouraient de faim.
1946	Edna Ruth Byler vend des produits artisanaux à ses voisins et amis après avoir constaté l'extrême pauvreté des habitants de Porto Rico. Elle est aidée par le Comité central mennonite.
1947	Ouverture de la première boutique Oxfam à Oxford
1949	La Church of the Brethren crée en 1949 Sales Exchange for Refugee Rehabilitation and Vocation (Serrv)
1950	Ouverture à New Windsor du premier magasin Serrv nommé International Gift Shop,
1950	Création de la coopérative Kagera Co-operative Union Ltd Tanzanie)
1956	Création de Intermón à Barcelone (Espagne) par la Compagnie de Jésus (les jésuites)
1958	Ouverture du magasin « Self Help Crafts » à Ephrata (Pennsylvanie) par le Comité central mennonite

1962	Création de la coopérative Coopeagri à San Isidro (Costa-Rica)
1963	Création d'Oxfam Canada
1964	Le slogan « Trade not aid ! » est lancé à la CNUCED (Commission des Nations Unies pour le Commerce et le Développement)
1964	Création d'Oxfam en Belgique
1965	Oxford Committee for Relief Famine change de nom et devient Oxfam
1966	Création de Tara Projects en Inde
1968	Déclaration de Berne (Suisse)
1969	Coopeagri crée sa chaîne de supermarchés
1969	Création de Bombolulu Workshop and Cultural Center à Mombasa (Kenya)
1969	Création de Andines (France)
1970	Intermón devient laïc et indépendant
1971	L'abbé Pierre lance un appel aux maires de France pour des jumelages solidaires
1972	Le premier magasin « Self Help Crafts » ouvre à New Hamburg (Ontario) au Canada
1973	Création de Corr The Jute Works (Bangladesh)
1973	Création de Community Crafts Association of the Philippines (Philippines)
1973	Création d'Artisans du Monde (France)
1973	L'ASSAJUCO (Association Saulnoise de Jumelage et Coopération) ouvre sa boutique à Dieuze. Elle a rejoint Artisans du Monde
1973	Oxfam Québec devient indépendante d'Oxfam Canada
1974	Ouverture de la première boutique Artisans du Monde à Paris
1975	Création de Asha Handicrafts en Inde
1975	Création de GEPA en Allemagne
1975	Création de EZA en Autriche

1976	Création de Weltläden en Suisse Alémanique
1977	Création de Claro (Suisse)
1981	Création de l'Unión de Comunidades Indígenas de la Región del Istmo (UCIRI)
1981	Création de la Fédération Artisans du Monde (France)
1984	Création de l'Association for Craft Producers (ACP) à Katmandou (Népal)
1984	Création de la société Fam'Import (devenue Solidar'Monde) qui importe les produits pour le réseau Artisans du Monde (entre autres)
1986	Création de Equal Exchange à Boston (USA)
1987	Création de Andines (France)
1988	Création du premier logo de commerce équitable : Max Havelaar
1988	Création de CTM Altromercato (Italie)
1989	Création de l'IFAT (International Federation of Alternative Traders) devenue WFTO (World Fair Trade Organisation)
1990	Création de l'EFTA European Fair Trade Association
1990	KCU rejoint le mouvement du commerce équitable
1992	Création de Max Havelaar France
1992	Malongo commercialise du café équitable
1993	ACP adhère à WFTO
1994	Le Network European World Stores (News) regroupe 2 500 magasins de commerce équitable dans 13 pays
1995	Création d'Oxfam International enregistré comme fondation à but non lucratif à La Haye (Pays-Bas)
1996	Création d'Agrofair (importateur de bananes bio et équitables, propriété des producteurs) aux Pays-Bas

1996	SelfHelp Crafts of the world est renommé « Ten Thousand Villages »
1996	Création de la CLA, Coordinateur du Café en Amérique Latine
1996	Création de PAUAL, Petits Apiculteurs Unis d'Amérique Latine
1997	Création de Fairtrade International autour du label Fairtrade Max Havelaar
1997	Andines, l'Association de solidarité avec les peuples d'Amérique Latine (ASPAL) et Solidar'Monde créent la Plateforme Française de Commerce équitable (PFCE) devenue Commerce équitable France
1998	Création de Transfair USA
1998	Tristan Lecomte crée Alter Eco, boutique de commerce équitable (fermée en 2001)
1998	Coopeagri est certifiée par Fairtrade International pour la canne à sucre
1999	Création de Comercio Justo México, l'association mexicaine de commerce équitable
1999	Andines crée le réseau Minga
2000	Le mouvement des Fair Trade Towns naît à Garstang (Royaume Uni)
2000	Andines dépose le terme « Commerce équitable » sous enveloppe Soleau
2001	Le consortiume FINE (FTI, IFAT, NEWS, EFTA) donne sa définition du commerce équitable
2001	Alter Eco est la première marque de produits équitables en grande distribution (Monoprix et Cora)
2001	Andines quitte la PFCE
2003	Création de la coopérative ETHIQUABLE

2004	Création du CLAC Coordonnateur latino-américain et caribéen des petits producteurs et des travailleurs de commerce équitable
2004	Coopeagri est certifié par Fairtrade International pour le café
2004	Création de FLO-CERT, organisme indépendant de contrôle, pour renforcer la crédibilité du label Fairtrade
2005	En France, la loi n° 2005-882 définit le commerce équitable (article 60)
2006	Swiss Bio Foundation crée le label Fair for Life
2006	La CLAC lance le label Symbole Petits Producteurs (SPP)
2008	News! N'existe plus
2010	Transfair USA rejoint Fairtrade International devenant Fairtrade USA
2010	Création à Bruxelles du Fair Trade Advocacy Office
2010	ETHIQUABLE crée la marque Paysans d'ici, prémisse du commerce équitable origine France
2013	Naissance du label Agi-éthique de commerce équitable « origine France »
2013	Alter Eco est rachetée par Bjorg Bonneterre et Compagnie, filiale du groupe Ecotone
2014	La loi n° 2014-856 dite loi ESS donne une nouvelle définition du commerce équitable, sans référence géographique
2018	Plus de 250 organisations signent la charte internationale du commerce équitable
2019	ETHIQUABLE créée sa chocolaterie
2020	Max Havelaar France certifie du lait et du blé d'origine France
2020	Ten Thousand Villages cesse ses activités au Canada. Quelques magasins restent ouverts sous licence.

2021	La loi ESS est complétée en reconnaissant les labels de commerce équitable et en permettant aux seuls produits répondant à la définition légale d'utiliser le terme commerce équitable
2025	Annonce de la fermeture des magasins de détail de « Ten Thousand Villages ». Le commerce en ligne et la vente en gros sont maintenus.
2025	La marque Paysans d'ici fusionne avec ETHIQUABLE

Table des matières

Structures éditoriales du groupe L'Harmattan

L'Harmattan Italie
Via degli Artisti, 15
10124 Torino
harmattan.italia@gmail.com

L'Harmattan Hongrie
Kossuth l. u. 14-16.
1053 Budapest
harmattan@harmattan.hu

L'Harmattan Sénégal
10 VDN SICAP AMITIE 3
BP 45034 Dakar-Fann
direction@senharmattan.com

L'Harmattan Cameroun
Tsinga/Derrière polyclinique FECAFOOT
BP 11486 Yaoundé
Jacques.koukam@harmattan.fr

L'Harmattan Burkina Faso
Villa 281, secteur 23 623, rue 14.32
Ouagadougou
zagbie@outlook.fr

L'Harmattan Guinée
Almamya, rue KA 028 OKB Agency
BP 3470 Conakry
harmattanguinee@yahoo.fr

L'Harmattan RDC
185, avenue Nyangwe
Commune de Lingwala - Kinshasa
matangilamusadila@yahoo.fr

L'Harmattan Congo
219, avenue Nelson Mandela
BP 2874 Brazzaville
deunovmikhael@gmail.com

L'Harmattan Mali
Immeuble Mgr Jean Marie Cissé
Aci Hamadallaye
BP 145 Bamako
syllaka@yahoo.fr

L'Harmattan Togo
Djidjole - Maison Amela
face EPP BATOME
02 BP 20680 Lomé
didieramela11@gmail.com

L'Harmattan Côte d'Ivoire
Résidence Karl - Cité des Arts
Abidjan-Cocody
03 BP 1588 Abidjan
harmattan.ivoire@gmail.com

L'Harmattan Bénin
Rue 604, (Immeuble à l'entrée
de la rue UCAO- Cite de Saint-Jean)
Cotonou
stepcorpus@gmail.com

Nos librairies en France

Librairie internationale
16, rue des Écoles
75005 Paris
librairie.internationale@harmattan.fr
01 40 46 79 11
www.librairieharmattan.com

Librairie des savoirs
21, rue des Écoles
75005 Paris
librairie.sh@harmattan.fr
01 46 34 13 71
www.librairieharmattansh.com

www.ingramcontent.com/pod-product-compliance
Lightning Source LLC
LaVergne TN
LVHW010940061026
849535LV00007B/2491

* 9 7 8 2 3 3 6 5 7 4 2 2 6 *